하버드 로스쿨
협상 수업

복잡한 심리전에서 무조건 이기는 설득의 프레임

하버드 로스쿨 협상 수업

GETTING BACK TO THE TABLE

현익출판

나의 아버지, 얼 와이즈 박사님께 이 책을 바칩니다.
아버지는 인생의 실패와 어려움에 직면했을 때
회복탄력성을 유지하면서 목표를 향해 끈기 있게 나아가는 것이
얼마나 중요한지를 몸소 보여 주셨습니다.
아버지, 고맙습니다.

목차

서문   9

도입) 협상 실패, 회복탄력성, 그리고 5단계 프레임워크

협상 실패   17
회복탄력성이 뛰어난 협상가   24
협상 테이블로 돌아가기 위한 5단계 프레임워크   30

1장) 협상 실패의 유형과 심각성

실패의 유형   42
실패의 심각성   63

2장) 협상에 실패한 이후, 무엇이 배움을 가로막는가

책임 전가   72
편향과 추단   76
성찰하지 않는 경험   80
손실 회피   82
체계적인 접근법 부재   83

3장 협상에 실패했다면, 이제 어떻게 할 것인가

4장 1단계 - 수용하기

5장 2단계 - 분석하기

숲 질문 121
나무 질문 122

6장 3단계 - 올바른 인사이트 얻기

7장 4단계 - 약점 버리기

타협은 최고의 해결책인가? 182
감정을 배제해야 하는가? 184
어떠한 대가를 치르더라도 합의에 도달해야 하는가? ... 185
협상은 제로섬 게임인가? 186
양측 모두 불만족스러워야 하는가? 188
훌륭한 협상가는 타고나는 것인가, 아니면 길러지는 것인가? ... 190
성공의 열쇠는 준비가 아닌 직관인가? 191
'항상'이나 '절대'라는 말은 유효한가? 193

8장 5단계 - 협상 테이블로 돌아가기

자기 인식과 감정 관리   201
협상에 필요한 지식 확장   203
불확실성을 바라보는 새로운 관점과 적응력   205
협상 환경 재점검과 3가지 설득 기술   211

9장 앞으로 나아가기 위해 뒤를 돌아보기

부록 A: 편향   228
부록 B: 게임   231
감사의 말   239

서문

내가 이전에 쓴 책은 주로 성공적인 협상 사례에 초점을 맞췄다. 독자들은 대체로 그 책에 긍정적인 반응을 보였지만, 한 독자의 말이 나를 멈춰 세웠다. 그 독자는 나에게 꽤 오랫동안 머릿속에서 떠나지 않은 질문을 던졌다. "왜 성공에만 집중하시는 거죠? 물론, 제가 진행한 협상들을 돌이켜 보면, 성공했던 경험이 좋은 기억으로 남아 있어요. 하지만 제 커리어에 도움이 되는 진정한 교훈은 대부분 실패를 통해 얻었어요." 그리고 이렇게 덧붙였다. "혹시 실패에 초점을 맞춘 책을 써 볼 의향은 없으신가요? 실패하는 과정을 통해 성장하고 더 나은 협상가가 되기 위해 진정으로 배울 수 있는 것이 무엇인지 진지하게 고찰할 수 있을 것 같아요."

나는 이렇게 얼버무리고 말았다. "지금은 그럴 생각이 없지만, 고려해 보겠습니다!"

한동안 이 질문에 대해 고민하면서 협상 분야의 다른 전문가들에게 조언을 구했다. 그 결과, 나는 실패한 협상에 대해 되돌아보는 것이 충분한 가치가 있다고 판단했고, 그래서 이 책을 쓰게 되었다.

솔직히 말하면, 내 삶은 실패의 연속이었다. 어렸을 때부터 고등학교, 대학교 때까지 뛰어난 학생이 아니었다. 탁월해지기 위해 많은 시간과 노력을 들였지만, 늘 평범한 수준에 머물러 있었다. 어렸을 때는 바이올린 연주를 또래보다 약간 더 잘하는 편이었지만, 열의가 부족해서 연습을 많이 하지 않았다. 다시 말해, 어린 시절부터 20대 초반까지 크고 작은 많은 실패를 경험했다. 그런데 흥미롭게도, 시간이 지나면서 그 실패들이 저주가 아닌 축복으로 다가왔다.

실패하고도 살아남아서 그 실패에 대해 이야기할 수 있게 되었을 때, 우리는 '다음에는 무엇을 해야 할지' 그리고 '왜 실패했는지'에 대한 귀중한 교훈을 얻을 수 있다. 또한 심리적인 측면에서도 실패가 인생의 일부라는 사실은 받아들이면 실패에 대한 부담이 사라진다. 물론 일부러 실패하려는 사람은 없을 것이다. 그러나 시간이 지나면, 누구나 실패가 인생이라는 여정의 일부라는 사실을 받아들이게 될 것이다.

협상의 경우도 마찬가지다. 단적으로 말하면, 실패는 협상의 일부다. 어떤 사람에게는 실패가 두려울 수 있지만, 다른 누구에는 오히려 안도감을 줄 수 있다. 이 책을 집필하던 중, 협상에서의 실패와 실패에서 배우는 방법에 관한 글을 쓰고 있다는 한 여학생과 이야기한 적이 있다. 그러자 그녀는 나를 바라보며 "오, 다행이에요!"라고 말했다. 호기심이 생긴 나는 "왜 그렇게 말하는 거죠?"라고 물었다. 그러자 그녀는 자세히 설명해 주었다. "우리가 학교 교과 과정에서 읽고 듣는 것은 협상 성공 사례뿐인 것 같아요. 협상을 공부하는 학생 입장에서, 그런 관점은 항상 완벽해야 하고 성공해야 한다는 부담으로 다가오거든요. 조금이라도 실수하면 뭔가 큰 잘못을 한 게 아닐까 하는 생각이 들어요. 하지만 그런 것만은 아니라고 하시니, 안도감이 들고 다행이라는 생각이 들어요."

실패에 대한 부정적인 인식은 분명히 잘못된 것이며, 나의 이 솔직한 이야기가 그 학생은 물론, 이 분야에 종사하는 다른 이들이 올바른 인식을 갖는 데 도움이 되기 바란다. 우리는 모두를 위해 협상 과정을 인간적으로 바라볼 필요가 있다. 그리고 더 강력한 협상가가 되기 위해 실패를 마주하고 극복해야 하는 과정의 일부로 인식해야 한다. 무엇보다 중요한 것은, 실제로 실패했을 때 실패를 처리하는 방식이다.

스타트업을 예로 들어 보자. 우선, 이 질문에 답해 보라. "스타트업이 성공할 확률이 얼마나 되겠는가?" 정답은 10%다. 이는 스타트업의 90%가 실패한다는 의미다. 그럼에도 불구하고, 매년 전 세계에서 수많은 신생 기업이 생겨난다. 물론 협상에서 성공 확률이 이 정도로 낮다고 보지는 않는다. 그러나 실패가 하나의 변수로 존재한다는 점은 분명하다. 스타트업 창업자들은 실패를 겪으면 그것을 감내하고 실패를 통해 교훈을 얻고 나서, 회복탄력성을 발휘하여 새로운 아이디어로 다시 시작해야 한다. 협상의 경우도 마찬가지다.

이 책은 그 과정에 관한 것이다. 실패에 초점을 맞추는 것은 실패의 책임을 회피하거나 해야 할 일을 하지 않은 것을 비판하기 위함이 아니다. 나중에 설명하겠지만, 사실 이러한 사고방식이 실패로부터 진정으로 배우는 데 가장 큰 걸림돌이 된다. 실패를 통해 배우고 이전보다 더 나은 협상가가 되어 협상 테이블로 돌아오는 것, 이것이 진정한 목표다. 이를 위해 협상가들이 목표 달성을 위해 체계적으로 실천할 수 있는 구성 체계를 개발했다.

여러분에게 진정으로 하고 싶은 말은 이것이다. 실패를 받아들이고, 그로 인한 손실을 감내하고 실패의 원인을 파악함으로써, 진정한 교훈을 얻고 다시 협상 테이블로 돌아가라. 최고의 협상가가 되기 위해 계속 정진하라.

조슈아 와이스

도입

협상 실패, 회복탄력성
그리고 5단계 프레임워크

위대한 실패를 감내하는 자만이
위대한 성공을 이룰 수 있다.

—로버트 케네디|Robert F. Kennedy

협상 실패

협상에 관한 책들을 살펴보면, 아주 흥미롭게도 성공에 대한 논의가 압도적으로 많다. 몇 가지 예를 들면, 허브 코헨Herb Cohen의 『허브 코헨의 협상의 기술You Can Negotiate Anything : How to Get What You Want』, 팀 캐슬Tim Castle의 『협상의 기술 : 원하는 것을 얻는 방법The Art of Negotiation : How to Get What You Want』 그리고 피터 스타크Peter B. Stark와 제인 플래허티Jane Flaherty의 『이기는 협상의 기술 101가지The Only Negotiating Guide You Will Ever Need : 101 Ways to Win Every Time in Any Situation』 등의 책이 있다. 이러한 도서들은 충분히 설득력이 있다. 사람들은 늘 협상에서 성공

하기를 원하기 때문이다. 성공이 궁극적인 목표인 것은 분명하지만, 실제로 협상이 이루어지는 방식은 그렇게 단순하지 않다. 협상가들은 언제나 성공하기 위해 노력하지만, 누구나 실패를 겪기 마련이다. 특히 대부분의 협상이 복잡하다는 점을 감안하면, 실패할 확률이 더욱 높아진다.

협상과 관련하여 사람들과 나누는 주제 중 가장 어려운 것 중 하나는 바로 '실패'에 관한 것이다. 협상 과정에는 온갖 장애물과 함정이 존재해서, 효과적으로 협상을 진행하기가 결코 쉽지 않다.

실패했을 때 가장 먼저 직면하게 되는 난제는 그다음에 무엇을 해야 할지에 관한 것이다. 우선, 무슨 일이 일어났는지를 정확히 이해하는 것이 중요하다. 그러고 나서, 어떤 행동 때문에 실패했는지 그리고 실패에 어떻게 대처해야 할지를 생각해야 한다. 상대 협상가의 행동은 실패에 어떤 영향을 미쳤을까? 처음에는 알지 못했거나 숨겨져 있어 접근할 수 없었던 특정 정보들 때문이었을까? 협상은 협상 당사자들의 행동과 반응, 불완전한 정보 그리고 통제할 수 있는 부분과 통제할 수 없는 부분이 얽혀 있는 역학 관계의 다면적인 조합이다. 따라서 협상에서의 실패는 어쩌면 불가피

한 것일지 모른다. 가장 중요한 것은 실패에 직면했을 때 어떻게 회복탄력성을 키우고, 성장과 발전의 기회로 삼는가이다.

본격적인 이야기를 하기에 앞서, 협상의 목적을 어떻게 정의할지에 대해 이야기하고자 한다. 협상은 상당히 복잡한 과정이기 때문이다. 일반적으로, 우리는 다음 세 가지 목적 중 하나를 달성하기 위해 협상을 진행한다.

첫째, 거래를 성사시키기 위해 협상한다. 예컨대, 한 기업이 다른 기업에 서비스를 제공하는 경우, 노조와 경영진이 서로에게 이익이 되는 계약에 합의하려는 경우, 그리고 정부 간 자유무역협정을 맺으려고 하는 경우 등 다양한 거래를 성사시키기 위함이다.

둘째, 다양한 이유로 현재뿐만 아니라 미래에 관계를 맺고 파트너십을 구축하기 위해 협상한다. 이는 협력하고자 하는 대상과 긍정적인 관계를 형성하는 과정이다. 예를 들어, 학교 협의회에 참석한 학부모와 교사 간에 강한 유대감을 가지고 있을 때, 효과적인 협상이 가능하다. 또한 국경을 맞대고 있는 나라들이 긍정적인 관계를 유지한 상태에서 협상에 임하면, 효율적으로 협력할 수 있다.

셋째, 갈등을 해결하거나 민감한 주제를 다룰 때도 협상을 활용한다. 직장에서 내부적으로는 동료, 외부적으로는 고객과 다양한 갈등을 겪는다. 협상 과정과 그에 수반되는 기술들은 특히 인간적인 요소(예: 존중이나 정체성과 관련된 문제 등)가 연관되어 있을 때 갈등 해결에 큰 도움이 된다.

이제 협상을 언제 활용하는지에 대해 알았으니, 수년 전에 실패했던 협상 경험을 말하고자 한다. 충분히 피할 수 있는 실수를 저질렀기 때문에, 결과를 받아들이기가 정말 힘들었다. 당시 나는 연봉이 상당히 높은 컨설팅 일자리를 제안받았는데, 한 가지 중요한 걸림돌이 있었다. 출퇴근 시간이 두 시간 가까이 걸린다는 점이었다. 그 시기에 아직 어린 아이들과 함께 많은 시간을 보내고 싶었기 때문에, 그 조건이 부담스러웠다. 그래서 정말 필요할 때 일주일에 이틀, 상황에 따라 사흘 정도 출근할 수 있다고 회사 측에 설명했다. 상황에 맞는 다양한 방법이 있을 것이라고 기대했고 회사 측과 마찬가지로 창의적인 아이디어를 제시하면서 합의점을 찾으려고 노력했지만, 양측은 끝내 해결책을 찾지 못했다. 그 후로도 논의를 계속 이어갔지만 아무런 소득이 없었고, 결국 협상은 결렬되고 말았다.

나중에 알게 된 사실이지만, 그 회사는 결국 다른 사람을 채용했고 나에게 제시한 것보다 더 유연한 근무 조건을 제공했다고 한다. 그 사람의 경력이 나보다 더 뛰어난 것이 한 가지 이유였지만, 더 중요한 이유는 회사의 이해관계에 있었다. 알고 보니, 내가 회사의 기본 요구 사항 중 하나를 제대로 이해하지 못하고 있었다. 회사가 원한 것은 회사에 매일 출근하라는 것이 아니라, 회사의 주요 행사에 빠지지 않고 참석해야 한다는 것이었다. 하지만 내가 회사 측과 대화할 때 그런 요구 사항이 명확하게 전달되지 않았기 때문에, 나와 회사 양쪽에 이익이 되는 해결책을 찾아내지 못했던 것이다.

결과적으로, 합의에 도달하지 못했을 뿐만 아니라 그 과정에서 양측의 관계에도 손실이 있었다. 나는 여러모로 실망감을 느꼈고, 이 회사가 해당 업계에서 차지하는 위상을 고려할 때 이번 일이 내 평판에 어떤 영향을 미칠지 걱정이 되었다. 그 일이 있고 나서 우연히 한 동료와 이야기를 나누게 되었는데, 그는 평생 잊지 못할 말을 해 주었다. "자네가 자신이 생각하는 것만큼 중요한 사람이 아니라는 것을 깨닫게 되면, 실패를 훨씬 더 잘 극복할 수 있을 걸세." 뼈아픈 조언이었지만, 맞는 말이었다. 나는 실패했다. 하지만 회사와 사회는 그 일을 대수롭지 않게 여기고 앞으로 나아가고 있었다. 성장하기 위해서는 먼저 무엇이 잘못되었고 왜 그랬는지 제대로 파악할 필요가 있었다.

그 경험을 통해 깨달은 것은 나의 실패를 신경 쓰는 사람은 거의 없었고, 그 실패에 집착하고 있는 것은 오직 나 자신뿐이었다는 점이다. 그때의 교훈은 지금까지도 마음속 깊이 자리 잡고 있다.

나는 사람들이 협상에서 실패했을 때, 대체로 세 가지 반응 중 하나를 보인다는 사실을 알았다. 로버트 사우디Robert Southey가 쓴 유명한 동화『골디락스와 곰 세 마리Goldilocks and the Three Bears』를 떠올려 보자. 이 이야기에서 골디락스는 길을 잃고 숲속을 헤매다 빈집을 발견한다. 배가 고팠던 골디락스는 그 집에서 세 그릇의 죽을 발견한다. 첫 번째 죽은 너무 뜨겁고, 두 번째는 너무 차갑고, 세 번째는 딱 알맞은 온도였다. 이 이야기를 협상 실패에 대한 세 가지 반응 유형과 비교할 수 있다.

첫 번째는 '너무 뜨거운' 반응으로, 실패를 부정하고 합리화하는 것이다. 협상가는 자신에게 이렇게 말한다. "그래,

내가 목표를 달성하지 못했지만 내 잘못이 아니야. 상대방이 다르게 행동했다면 이런 결과가 나오지 않았을 거야." 이와 같은 사고방식을 가진 협상가는 자신의 평판을 보호하기에 급급하고, 실패를 상대방이나 자신이 통제할 수 없는 상황 탓으로 돌리기 때문에 실패에서 아무런 교훈도 얻지 못한다. 협상 테이블로 다시 돌아와도, 자기 과신에 빠져 이전 경험에서 배운 것이 거의 없는 상태에서 같은 실수를 반복할 가능성이 크다.

두 번째는 '너무 차가운' 반응으로, 실패에 대한 모든 책임을 협상가 자신에게 돌리는 경우다. 실패를 너무 힘들고 심지어 굴욕적인 경험으로 받아들이기 때문에, 다시는 협상을 하고 싶지 않다고 느낀다. 설사 협상 테이블로 다시 돌아가도, 극도로 불안해하고 자기 능력에 대해 불신하는 상태에서 임한다. 이러한 반응은 실패, 두려움, 불안함, 더 큰 실패 등의 파괴적인 악순환으로 이어진다.

세 번째는 이 책의 핵심이라고 할 수 있는 '딱 알맞은' 반응이다. 그렇다면 '딱 알맞은' 방식이란 어떤 것일까? 실패가 협상에서 충분히 나타날 수 있는 결과라는 것을 이해하고 있다. 그리고 실패했을 때, 냉혹하고 힘든 현실을 직시하고 받아들인 뒤 해결 방법을 모색한다. 실패를 맞닥뜨린 후에는 무슨 일이 일어났는지 이해하려는 과정으로 넘어간다. 즉, 실패를 통해 어떤 교훈을 얻을 수 있는지, 실패를 초래한 원인이 무엇인지 그리고 애초에 왜 그런 원인이 나타났는지에 대해 생각한다. 그뿐만 아니라, 같은 실수를 반복하지 않기 위해 무엇을 알아야 할지에 대해서도 고민한다. 그리고 마침내, 실패로 인해 넘어졌던 자신의 자리에 다시 앉아서 협상을 재개한다. 유능한 협상가가 되기 위해서는, 회복탄력성과 협상이 지속적인 배움의 여정이라는 인식이 필요하다.

회복탄력성이 뛰어난 협상가

앞에서 실패했던 협상에 대해 이야기했는데, 그 경험은 아직도 내 마음속 깊이 남아 있다. 그때 실패했지만, 회복탄력성을 갖추고 원하는 바를 달성하기 위해 협상 테이블로 다시 돌아오는 것이 얼마나 중요한지를 깨달았다. 그렇다면 협상에서 목표를 달성하지 못했을 때, 실제로 어떤 것을 배올 수 있을까? 그리고 이처럼 어려운 일을 효과적으로 수행하기 위해 정말로 필요한 것은 무엇일까?

회복탄력성이 있는 협상가가 되어 다시 협상 테이블로 돌아가려는 태도는 분명 바람직하다. 하지만 올바른 사고방식, 지식과 기술 그리고 자신감이 없다면, 절대로 협상은 성공할 수 없다. 협상 실패와 그로부터 배우는 방법에 대해 논의하기에 앞서, 회복탄력성의 여러 측면에 대해 정리해 보고자 한다.

우선, 사고방식부터 알아보자. 회복탄력성과 실패에 대처하는 능력의 대부분은 사고방식에서 비롯되기 때문이다. 여기서 중요한 개념인 '고정형' 사고방식과 '성장형' 사고방식에 대해 알아보자. 이 개념을 처음 접했을 때 나는 큰 깨달음을 얻었고, 그 이후 사람들에게 고정된 사고방식의 한계와 성장하는 사고방식의 장점을 아주 명확하게 설명할 수 있었다. 이 개념의 창시자인 캐롤 드웩Carol Dweck은 두 사고방식의 차이를 이렇게 설명한다.

"자신의 재능이 꾸준한 노력, 좋은 전략, 타인의 조언을 통해 개발될 수 있다고 믿는 사람들은 성장형 사고방식을 가지고 있다고 할 수 있다. 그들은 재능이 타고난 것이라고 믿는 고정형 사고방식을 가진 사람들보다 더 많은 것을 성취한다. 왜냐하면 똑똑해 보이는 것에 덜 집착하고 배움에 더 많은 에너지를 쏟기 때문이다."

이 말은 사고방식이 실패, 회복탄력성 그리고 협상에서 왜 중요한지를 잘 보여 준다. 성장형 사고방식은 충분한 지식을 갖추고 기술을 개발하여 역량을 키우면, 궁극적으로 성공할 수 있다는 확신을 심어준다. 이것은 회복탄력성과 밀접하게 연결되어 있다. 이런 사고방식을 가진 사람은 남을 탓하거나 자신이 실력이 부족해서 무언가를 할 수 없다고 단정 짓기보다는 발전을 위해 무엇을 해야 할지에 집중한다. 즉, 충분히 노력하면 불가능하다고 생각했던 일도 해낼 수 있다는 마음가짐을 갖게 된다.

하지만 성장형 사고방식을 갖는 것은 결코 쉽지 않다. 자신의 강점을 알고 이를 강화하는 것도 필요하지만, 더 중요한 것은 약점을 인식하고 이를 수용한 후, 개선하기 위해 부단히 노력해야 한다.

나는 개인적인 경험에서 그 교훈을 얻었다. 큰딸은 어렸을 때 수학 과목을 어려워했는데, 어느 날 나는 아이를 다독이면서 이렇게 말했다. "너무 속상해하지 마. 아빠도 수학을 잘하지 못했는데, 아마 아빠 닮아 수학적 머리가 뛰어나지 않아서 그런 걸지도 몰라." 하지만 그것은 고정된 사고방식에서 나온 말이었고, 딸에게는 절대 해서는 안 될 말이었다. 아이의 기분을 나아지게 하려고 그런 말을 했지만, 도리어 아이를 약하게 만들고 수학을 잘못해도 어쩔 수 없으니 그냥 포기하는 편이 낫다고 생각하게 만들었다. 나중에 성장형 사고방식을 알게 되었을 때 가장 먼저 이 일이 떠올랐고, 큰 자책감을 느꼈다.

그래서 나는 그때 잘못된 조언을 했다고 아이에게 다시 말했다. 아빠로부터 그런 말을 들은 아이는 놀라워했지만, 엄연한 사실이었고 나는 잘못을 인정할 수밖에 없었다. 그 이후로 나는 자녀들에게 이렇게 말했다. "열심히 노력하면 할 수 없다고 생각했던 일도 해낼 수 있단다." 다행히도 아이들은 스스로 많은 난관을 극복하며 성장했다. 하지만 때때로 고정형 사고방식에 빠져드는 모습을 보면, 그 사고방식이 얼마나 파괴적인지 알기 때문에 성장형 사고방식을 갖도록 돕기 위해 최선을 다한다.

이번에는 내가 교육, 훈련, 코칭, 실습, 자문 등의 일을 하면서 자주 접하는 사례를 소개하고자 한다. 순발력과 적응력은 협상에서 반드시 갖추어야 할 중요한 역량이라 할 수 있는데, 그 이유는 항상 완전한 정보를 가지고 협상에 임하는 것은 아니기 때문이다. 이 역량의 중요성을 설명하면, 사람들은 다양한 반응을 보인다. "전 그런 거 잘 못해요.", "그건 못하겠어요.", "몸이 얼어붙고 생각이 굳어버려요.", "죄송해요. 그건 못하겠는데, 혹시 다른 방법은 없을까요?"

하지만 이 역량을 대체할 수 있는 것은 없다. 나는 사람들과 함께 두 가지 과정을 실행한다. 먼저, 왜 스스로 생각하는 법을 배울 수 없다고 생각하는지 물어본 다음, 그들이 직면한 구체적인 문제를 함께 해결해 나간다. 어려움을 느끼는 이유는 다양할 수 있다. 자신감이 부족하거나 일을 지나치게 계획적으로 처리하려는 성향 때문일 수도 있다.

문제의 근본 원인을 파악한 다음에는, 이를 개선하기 위해 노력해야 한다. 그리고 나서 연습하고 또 연습하라. 계속 연습해야 한다. 그 과정에서 서서히 고정된 사고방식을 버리고 스스로 행동을 통해 더 잘 적응할 수 있다는 것을 몸소 체험하면서 자신감을 얻는다. 그 후에 문제를 극복할 수 있는 능력을 키우는 데 집중할 수 있다.

협상에서 실패한 뒤 회복탄력성을 갖추기 위해 우선 갖추어야 할 요소는 지식과 기술이다. 필수적인 지식과 기술이 부족한 상태에서는, 특히 상황이 어려워졌을 때 협상에서 성공할 가능성이 거의 없다. 실제 협상에서 어떤 것이 핵심 기술인지에 대한 견해는 사람마다 다를 수 있지만, 나의 관점에서 볼 때 효과적인 협상의 핵심 기술은 다음과 같다.

- 문제 해결 능력
- 자기주장
- 공감 능력
- 분석 및 준비
- 어렵고 민감한 대화 나누기
- 까다로운 사람 상대하기
- 감성 지능
- 설득력 및 영향력

협상 기술을 습득하는 방법에 관한 책, 기사, 교육 과정은 이미 많이 있다. 하지만 이것들은 어디까지나 퍼즐의 한 조각에 불과하며, 협상에 영향을 미치는 역학 관계에 대한 전반적인 지식을 반드시 갖추어야 한다. 중요한 것은 협상 역시 다른 영역과 마찬가지로 깊이 있게 연구해야 할 대상이며, 지속적인 배움과 성장 과정으로 바라봐야 한다는 점이다.

협상에서 자신감은 또 하나의 중요한 요소지만, 쉽게 규정하기 어려운 자질이다. 협상이 전개되는 방식에 따라, 지식수준에 비례하여 자신감이 높아지거나 떨어질 수 있다. 협상 도중 잘 모르는 분야가 논의되면, 자신감이 떨어지고 실수할 확률이 커진다. 반면, 잘 아는 주제로 돌아오면 다시 자신감이 생기는 것을 느끼게 된다. 이러한 자신감의 밀물과 썰물과 같은 흐름은 협상에서 중요한 측면이며, 잘 관리해야 할 부분이다. 그러나 지식을 쌓고 실패를 통해 배우면서 충분히 자신감을 키울 수 있다. 이 책의 후반부에서 이 개념에 대해 다시 다루고, 이를 가장 효과적으로 수행하는 방법에 대해서도 자세히 설명할 것이다.

협상 테이블로 돌아가기 위한 5단계 프레임워크

회복탄력성이 협상 실패에 대처하기 위한 핵심적인 토대

라는 사실을 확인했다. 이제는 직면할 수 있는 실패의 유형과 그 심각성에 대해 더 깊이 이해함으로써 그 토대를 더욱 견고히 다질 필요가 있다. 이것이 바로 1장에서 다룰 주제이며, 2장에서는 그러한 실패로부터 진정한 교훈을 얻는 데 장애가 되는 잠재적 장벽들에 대해 살펴볼 것이다. 4장부터 8장까지는 협상 테이블로 돌아가기 위한 5단계 프레임워크를 한 단계씩 설명한다. 1장과 2장은 5단계 프레임워크를 살펴보기 전에 반드시 거쳐야 할 사전 단계다.

많은 사람들이 협상에서 실패한 뒤 어떻게 해야 할지 고민하곤 한다. 그런 상황에서 5단계 프레임워크는 다음 질문에 대한 해답이 될 수 있다.

- 실패했을 때 무엇을 해야 할까?
- 다음 협상에서 같은 실수를 반복하지 않고, 궁극적으로 더 나은 협상가가 되기 위해서는 어떻게 해야 할까?
- 매우 중요한 협상에 실패했지만, 아직 협상의 여지가 있는 경우에 어떻게 다시 협상 테이블로 돌아갈 수 있을까?

다음은 5단계 프레임워크에 대한 설명이다.

첫 번째 단계는 실패를 받아들이고 그것에 대처하는 것이다. 대부분의 사람들에게 5단계 중에 가장 어려울 수 있는데, 그 이유는 실패가 자신과 타인에게 미치는 영향 때문이다. 이 과정을 철저하게 논리적이고 이성적으로 진행하고 싶어하지만, 실제로는 그렇게 하기가 쉽지 않다. 강력한 감정적 요소가 존재하기 때문이다.

두 번째 단계는 숲과 나무를 동시에 살펴보면서, 무슨 일이 일어났는지 그리고 왜 일어났는지를 심도 있게 분석하는 것이다. 여기서 숲은 큰 그림을 의미하며, 실제로 무슨 일이 있었는지를 정확히 이해하려는 시도로 이어지는 것이 중요하다. 보통 성급하게 세부적인 내용으로 들어가서 전체적 맥락을 놓치는 경우가 많다. 하지만 숲을 정확하게 분석하면 나무, 즉 세부적인 사항을 살펴볼 수 있는 강력한 토대가 마련되어 실패나 좌절로 이어질 수 있는 미시적인 행동과 개별적인 의사결정을 면밀하게 분석할 수 있다.

철저한 분석에 이어서 세 번째 단계는 실패로부터 올바른 인사이트를 얻는 것이다. 실패한 협상에서 얻을 수 있는 교훈은 많지만, 이 단계에서는 올바른 교훈과 그렇지 않은 교훈을 구분하는 것이 중요하다. 주의를 기울이지 않으면 실패에서 잘못된 교훈을 배우기 쉬우며, 이는 왜곡된 자신감으로 이어질 수 있다. 그렇게 되면 나중에 또 다른 문제가 발생할 수 있으므로, 올바른 교훈을 배우고 앞으로 그것을 언제 적용할 수 있는지 그리고 언제 적용할 수 없는지를 명확하게 파악해야 한다. 이를 위해서는 협상 간에 어떤 요소들을 비교해야 하는지를 정확히 아는 것이 중요하다. 가령, 협상 참여자의 수, 개별 협상가의 스타일, 진행 시간, 압박 수준, 권력 분포, 세대, 성별, 문화 등의 역학 관계를 고려해야 한다.

네 번째 단계는 실패를 초래한 요인들을 본격적으로 제거하는 것이다. 버려야 할 사고방식과 행동들은 협상에서 약점과 긴밀하게 연결되어 있다. 문제를 일으켰던 요인들을 과감하게 버릴 때, 창의적인 사고방식과 색다른 접근법을 배울 수 있다.

마지막 단계는 배운 지식을 바탕으로 이전보다 더 현명하고 강해진 모습으로 협상 테이블에 다시 앉는 것이다. 이 5단계 과정을 통해 불확실성에 대처하고 적응력을 높여 협상 역량과 자신감을 쌓을 수 있다. 또한 이 구성 체계를 통해 실패한 협상으로부터 진정한 배움을 얻을 수 있다.

최종적으로, 협상 테이블로 돌아간다는 말은 실제로 두 가지 상황을 의미한다. 첫 번째는 협상이 실패해도 해당 협상에 대한 여지가 완전히 사라지지 않고 남아 있는 상황이다. 쉽지 않겠지만, 협상을 계속하기 위해 테이블로 돌아갈 수 있는 기회가 여전히 존재한다. 이 경우는 가까운 시일 내에 구체적인 협상이 재개될 가능성에 초점이 맞춰져 있다. 두 번째는 장기적인 측면과 관련이 있다. 협상에 실패하여 문이 완전히 닫혀 더 이상 대화가 이루어지지 않는다면, 그 경험에서 어떻게 진정한 교훈을 얻고 협상가로서 성장하고 발전할 수 있을지에 대해 생각해 봐야 한다. 최고의 협상가가 되기 위해서는 반드시 이러한 성찰과 심도 있는 분석이 필요하다. 그럼, 이제 시작해 보자!

1장

협상 실패의 유형과 심각성

보통 사람들은 협상에서의 실패와 관련하여 두 가지를 알고 싶어 한다. 첫째, 어떻게 하면 실패하는가? 둘째, 그 실패가 얼마나 부정적인 결과를 초래하는가? 이 두 가지 핵심 질문에 답하기에 앞서, 이 책에서 협상의 실패가 무엇을 의미하는지를 정의해 볼 필요가 있다. 실패의 정의는 다양할 수 있지만, 이 책에서는 협상 과정의 시작 단계에서 설정했던 목표나 목적을 달성하지 못한 것을 실패라고 규정한다.

어떤 사람들은 협상에서 실패라는 것이 존재하는지에 의문을 제기하면서 모든 실패는 일시적인 좌절이거나 성공을 위한 디딤돌에 불과하다고 주장한다. 하지만 협상에서의 실패가 실제로 존재한다는 점을 분명히 할 필요가 있다. 실패를 제대로 관리하고 실패에서 교훈을 얻을 때, 장기적인 관점에서 결국에는 성공에 이를 것이라고 믿는다. 그러므로 실패 자체를 인정하는 것은 전혀 부끄러운 일이 아니며, 오히려 반드시 필요하다고 생각한다. 냉혹하고 고통스러운 현실을 직시하는 것은 쉽지 않다. 그러나 이는 아주 중요하며, 이 책 전반에 걸쳐 실패를 인정하는 것이 얼마나 중요한지 다양한 사례를 통해 알아볼 것이다.

협상에서 목표를 달성하지 못한 것을 실패라고 부르지 않는다면 어떻게 될까? 이는 잠시 고민해 볼 가치가 있는 흥미로운 질문이다. 대부분의 사람들은 실패한 후 대충 넘어가려 하고, 더 잘할 수는 없었는지 진지하게 돌아보려 하지 않는다.

다음의 사례를 살펴보자. 2023년 4월, 미국프로농구의 밀워키 벅스Milwaukee Bucks 팀은 동부 콘퍼런스 1번 시드로 플레이오프 1라운드에서 최하위 시드 팀인 마이애미 히트Miami Heat에 패했다. 경기 직후 한 기자가 벅스의 스타 선수인 야니스 아데토쿤보Giannis Antenakupo에게 올해가 실패한 시즌이라고 생각하느냐고 묻자, 이렇게 답변했다.

"기자님은 직장에서 매년 승진하나요? 아니죠? 그렇다고 해서, 매년 하는 일마다 실패했다고 말할 수 있을까요? 우리가 매년 일을 한다는 건 승진, 가족 돌보기, 내 집 마련, 부모님 부양 등과 같은 목표를 향해 나아간다는 뜻입니다. 그것은 실패가 아니라 성공을 향해 가는 과정입니다. 성공에는 단계가 있는 법이죠. 마이클 조던은 NBA에서 15시즌을 뛰면서 팀을 6번 우승으로 이끌었어요. 그렇다면 나머지 9년은 실패한 건가요? 정말 그렇게 생각하세요?"

나는 야니스의 긍정적인 시각을 높이 평가하며, 장기적으로 보면 그의 말이 분명 옳다고 생각한다. 그러나 실패를 인정하지 않았다는 점에서는 아쉬움이 있다. 그는 이렇게 말할 수도 있었다. "이번 시즌에는 실패했습니다. 우리의 목표는 NBA 파이널 우승인데, 달성하지 못했으니까요. 하지만 우승을 하기 위해 무엇이 필요한지에 대해 소중한 교훈을 얻었으며, 그것이 우리의 궁극적인 목표를 달성하는 데 밑거름이 될 겁니다." 표현의 차이는 커 보이지 않지만, 그 의미의 차이는 매우 크다. 실패를 부정하지 말고 인정하라.

대부분 협상에서의 실패를 두려워하는 이유는 그 결과 때문이지만, 실패는 과거의 경험을 통해 이미 익숙하기 때문이기도 하다. 실패를 기대하고 협상하는 사람은 없겠지만,

어려운 일에 도전할 때 실패는 반드시 일어날 수밖에 없다는 사실을 무의식적으로 알고 있다. 다시 말해, 실패는 협상 영역의 일부이므로 실패에 익숙해지고 실패를 다루는 법을 터득해야 한다. 중요한 것은, 실패를 통해 배우고 계속 성장해 나감으로써 유능한 협상가가 될 수 있다는 점이다.

이쯤에서 한 가지 의문이 생길 수 있다. 실제 협상에서는 수많은 변수가 작용하는데, 그런 상황에서 과연 실패의 원인을 명확하게 파악할 수 있을까?

우리는 실패의 경험을 돌이켜 보며 주된 원인을 찾아낼 수 있다. 물론, 협상 시 부차적으로 영향을 미치거나 상황을 악화시키는 다른 원인도 살펴보아야 한다. 이것들이 문제의 본질은 아니지만, 문제의 심각성을 더하고 협상을 더욱 어렵게 만들 수 있기 때문이다. 이제 이를 염두에 두고, 실패의 유형과 그 심각성에 대해 본격적으로 알아보자.

실패의 유형

협상 실패에는 일곱 가지 유형이 있다. 물론, 이 분류가 완벽하거나 결정적인 것이라고 할 수는 없지만, 분석에 유용한 판단 체계를 제공할 수 있을 것이다. 이 유형들을 살펴보면서 각자의 실패 경험이 어떤 유형에 속하는지에 생각해 보자.

1) 실패가 예상되더라도 계속 시도하는 경우

이 유형은 문제가 가장 적은 실패다. 단기적으로 실패 가능성이 성공 가능성보다 훨씬 크지만, 협상 경험을 통해 배울 수 있는 좋은 기회가 될 수 있다. 이러한 실패는 주로 한계를 뛰어넘으려고 하거나 매우 어려운 협상 문제를 앞두고 돌파구를 찾으려 할 때 발생한다.

이 유형은 사회적으로 큰 영향을 미칠 수도 있는 새롭고 혁신적인 제품의 개발에 관련된 내부 협상에서 자주 나타난다. 스티브 잡스와 아이폰 개발 이야기가 대표적인 사례다. 『원 디바이스: 우리가 모르는 아이폰의 숨은 역사 The One Device: The Secret History of the iPhone』의 저자 브라이언 머천트 Brian Merchant에 따르면, 애플의 창업자 잡스는 초기에 아이폰 개발에 부정적인 반응을 보였다고 한다. 엔지니어들은 훌륭한 아이디어라고 생각했지만, 먼저 잡스를 설득해야 했다.

머천트는 이렇게 설명한다. "엔지니어들은 이 제품에 대해 잡스에게 접근하는 잘못된 방법과 올바른 방법이 있다는 것을 분명히 알고 있었다. 그래서 적절한 시기에 적절한 사람이 아주 전략적으로 그 제품에 대해 이야기해야 했다. 그들은 애플의 디자인 책임자인 조너선 아이브Jonathan Ive를 중개자로 선택했다."

그러자 아이브는 엔지니어 팀에 이렇게 말했다고 한다. "적절한 시점에, 그러니까 잡스가 기분 좋을 때 이야기해 보겠습니다."

아이브는 잡스의 최측근 중 한 명이었지만, 아이폰 프로젝트가 공개되고 시제품 제작을 위해 아이브가 잡스와 협상을 시도했을 때, 잡스는 별다른 관심을 보이지 않았다. 하지만 엔지니어 팀은 시행착오를 거듭한 끝에 새로운 터치스크린 기술을 완벽하게 구현해 냈다. 그런 다음, 다시 잡스에게 가져가 두 번째 협상을 시도했다.

머천트는 당시 상황을 이렇게 요약했다. "결국 잡스가 마음을 바꿨습니다. 잡스는 좀 더 생각하고 나서 데모를 다시 보여 달라고 요청했죠. 그러더니 '좋아요. 이건 아주 멋지네요.'라고 말했습니다. 그리고 몇 주, 몇 달이 지나자, 잡스는 그 기술을 정말 마음에 들어 했습니다."

이 사례를 보면, 애플의 엔지니어 팀은 처음부터 이러한 유형의 실패가 협상 과정의 일부라는 것을 잘 알고 있었고, 잡스를 설득할 때까지 협상이 여러 차례 진행될 수도 있다는 점도 인식하고 있었다.

2) 충분히 가능했음에도 합의에 이르지 못한 경우

다음 유형의 실패는 '손가락 사이로 빠져나간 기회 Slipping Through Our Fingers Failure'라고 부른다. 왜 그렇게 부를까? 거의 손에 넣을 수 있었지만, 어떤 이유로 인해 놓쳐버렸기 때문이다. 다시 말하면, 충분히 성사가 가능했음에도 불구하고 양 당사자의 이해관계와 필요를 충족할 만한 합의에 도달하지 못한 상황을 말한다. 이 개념에 대해 설명할 때는 다음의 두 가지 전제를 고려해야 한다.

첫째, 겉보기에는 협상이 가능해 보이지만 실제로는 다양한 이유로 인해 합의에 도달하기가 어려운 경우가 있다. 예를 들어, 상대방에게 요구하는 것이 현실적으로 불가능할 수도 있고, 시기가 적절하지 않아 협상이 지연되거나 당사자들이 불성실한 태도로 협상에 임해서 거래를 성사시킬 수 있는 자원이 존재하지 않을 수도 있다.

둘째, 협상의 목적은 단순히 합의에 도달하는 것이 아니라 목표와 요구를 최대한 충족시키는 것임을 명심해야 한다. 비록 합의에 도달했더라도 우리의 근본적인 이해관계를 충족시키지 못했다면, 그것 역시 또 다른 형태의 실패이며, 이는 나중에 자세히 살펴볼 것이다.

이러한 유형의 실패를 보여 주는 대표적인 사례가 있다. 존 레스터Jon Lester는 보스턴 레드삭스Boston Red Sox의 메이저리그 야구 선수였다. 레스터는 2006년 여름에 드래프트에 지명되어 레드삭스에 입단했지만, 안타깝게도 같은 해 9월에 '역형성 대세포 림프종'이라는 진단을 받았다. 다행히 일반적으로 임상 경과가 좋은 편이어서, 완치 판정을 받았다. 레드삭스 구단은 힘들고 고된 재활 기간에 레스터와 그의 가족을 지원했다. 그리고 2007년, 레스터는 레드삭스의 마운드로 돌아와 팀의 월드시리즈 우승에 크게 기여했다.

시간이 흘러 2014년 1월, 레스터는 자유계약선수FA가 되었다. 당시 레스터는 단호하게 말했다. "레드삭스는 저에게 가장 중요합니다. 누군가 제 유니폼을 벗기지 않는 한, 끝까지 이 팀에 남을 겁니다." 그리고 레스터는 레드삭스와 계약을 연장할 경우 다른 팀에서보다 낮은 금액을 제시받을 것으로 예상하고 있으며, 기꺼이 일정 부분 손해를 감수할 의향이 있다고 밝혔다. "이 팀에 남으려면 손해를 감수해야 한다는 점을 잘 알고 있습니다. 제가 그럴 마음이 있느냐고요? 물론입니다." 그리고는 이렇게 덧붙였다. "하지만 구단이 자신들에게 공정하기를 바라는 만큼 저와 제 가족에게도 공정하기를 바랍니다." 바로 이 지점에서 협상의 문제가 시작되었다.

레드삭스는 레스터에게 협상을 위한 초기 제안으로 4년 7,000만 달러를 제시했다. 그와 비슷한 수준의 투수들과 비교했을 때, 그의 적정 몸값은 5~6년에 1억 2,000만 달러와 1억 5,000만 달러 사이였다. 레스터는 몰랐지만, 사실 레드삭스는 그의 몸값을 상향 조정할 의향이 있었다. 실제로 나중에 6년 1억 3,500만 달러라는 인상안을 제시했다. 하지만 그때는 이미 초기에 제안한 액수가 너무 낮았기 때문에 상황이 좋지 않았다. 레스터는 레드삭스에 남고 싶다는 의지를 밝혔고 보상액에 유연하게 대처할 의사를 보였지만, 협상은 점점 좋지 않은 분위기로 흘러갔다. 양측 모두 합의에 이르기를 원했음에도 불구하고, 결국 레스터는 협상을 중단했다. 결국 레스터는 오클랜드 애슬레틱스Oakland Athletics로 트레이드를 요청했고 구단은 이를 받아들였다. 그리고 1년 후, 레스터는 결국 시카고 컵스Chicago Cubs와 장기 계약을 체결했다.

이는 충분히 달성 가능한 합의 조건과 합의에 대한 양측의 열망, 그리고 긍정적인 역학 관계가 존재했음에도 불구하고, 다양한 요인으로 인해 협상이 무산된 전형적인 사례다. 이 과정을 돌이켜 보면, 양측 모두에게 실패라고 볼 수밖에 없다.

3) 합의에 도달했지만 궁극적인 목표를 달성하지 못한 경우

앞서 언급했듯이 협상의 목적은 단순히 합의에 도달하는 것이 아니라 협상 당사자의 목표와 이익을 최대한 실현하는 것이다. 실제로 양 당사자가 협상에서 합의에 도달했더라도 목표를 충족하지 못하는 상황이 자주 발생하는데, 그런 상황에서의 합의는 실패로 간주되어야 한다. 이때 우리는 "도대체 무슨 생각으로 그런 합의에 동의한 건가요?"라고 묻게 된다. 다음은 이와 같은 실패의 대표적인 사례다.

대학을 졸업한 지 몇 년밖에 되지 않은 모린은 에드칩

스Adchips의 영업 부서에서 일하고 있었다. 모린은 자신의 직무에서 성공하기를 간절히 원했고, 그것이 향후 커리어를 위한 디딤돌이 되기를 바랐다. 모린의 업무는 기술 관련 제품에 사용되는 마이크로칩을 대기업에 판매하는 일이었다. 고객사 중 하나는 업계 선두 주자인 테라돈Teradon으로, 에드칩스와는 오랜 협력 관계를 유지해 온 회사였다.

이야기는 모린과 고객사인 테라돈의 직원 마이클이 만나, 기존 계약을 갱신하기 위한 협상에 돌입하면서 시작된다. 마이클은 이전에 애드칩스의 다른 영업 담당자와 거래해 왔지만, 담당자가 모린으로 바뀐 상태였다. 마이클은 모린이 경험이 적다는 것을 알아차리고, 상당한 수량의 마이크로칩 주문을 요청했다. 모린 입장에서는 주문량은 목표치를 달성했지만, 그만한 대가를 치러야 했다. 마이클은 대량 주문과 테라돈이 에드칩스의 칩을 오랫동안 사용해 온 것에 대한 보상으로 20% 할인을 요구한 것이다.

모린은 처음에 제안을 받고 깜짝 놀랐다. 주문 수량은 아주 만족스러웠지만, 계산해 보니 마이클이 제시한 할인율을 적용하면 회사가 손해를 볼 것 같았다. 그러나 모린은 거래를 재고하거나 다른 제안을 하지 않고, 손해를 보더라도 합의하는 것이 더 중요하다고 스스로 합리화하면서 협상을 진행했다. 결국, 모린은 마이클이 제시한 조건에 합의했다.

거래에 잠정적으로 합의한 후, 모린은 상사에게 합의서를 제출했고 초조하게 승인을 기다렸다. 모린은 거래를 성사시키기 위해 상당한 폭의 할인을 양보했지만, 주문의 규모에 고무되어 있었다. 하지만 상사는 합의서를 검토한 후 모린이 이 거래서에 서명했다는 사실에 충격을 받았다. 수치를 면밀히 분석한 결과를 모린에게 보여 주면서, 4년간의 계약 기간 동안 인플레이션 조항이 빠져 있어서 예상보다 회사에 훨씬 더 큰 손해가 되는 계약임을 지적했다. 상사는 모린에게 말했다. "도대체 무슨 생각을 한 거죠? 유감스럽지만, 이 계약은 승인할 수 없습니다. 이 문제를 바로 잡으려면, 상당한 노력이 필요할 겁니다."

그제야 모린은 자신의 계산에 실수가 있었다는 사실을 인정했다. 그리고 이 계약이 회사의 근본적인 이익에 부합하지 않으며, 오히려 회사에 큰 타격을 줄 수 있다는 사실을 깨달았다.

이 협상에서 모린은 합의에 도달하기는 했지만, 자신이나 회사의 재정적 목표를 달성하지는 못했다. 따라서 이 협상은 실패한 것이었으며, 차라리 합의하지 않는 편이 더 나았을 것이다.

4) 합의에 도달했지만 관계가 손상된 경우

협상에서는 금전적 합의에 도달하는 등 가시적으로는 목표를 달성한 것처럼 보이지만, 그 과정에서 당사자 간의 관계가 손상되기도 한다. 이러한 유형의 실패를 '푼돈 얻으려다 큰돈 잃는 격 Penny-Wise and Pound-Foolish(소탐대실)'이라고 하는데, 그 이유는 협상가가 단기적으로 작은 이익을 챙기려다 장기적으로 큰 손해를 감수하게 되기 때문이다. 협상에서 금전적인 요소는 중요하지만 눈앞의 이익을 지나치게 중요하게 여긴 나머지 장기적인 관계를 소홀히 할 때 발생한다. 효과적인 협상은 대부분 긴밀한 상호 관계에 기반하며, 특히 같은 사람이나 조직과 반복적으로 협상해야 하는 상황에서는 관계 유지가 중요하다. 따라서 이런 유형의 실패는 장기적인 측면에서 부정적인 결과를 초래할 수 있다.

전형적인 사례가 있다. 몇 년 전, 나는 한 자동차 판매점에서 이전에 타던 차량을 거래하면서 중고차를 구입했다. 과거에 그곳에서 두 대의 차량을 구입했고 차량 정비도 맡겼기 때문에, 그 판매점과는 오랜 시간에 걸쳐 신뢰 관계가 잘 구축되어 있었다. 이번 중고차 거래도 만족스러웠지만 한 가지 아쉬운 점이 있었다. 차량의 타이어가 상당히 마모되어 교체가 필요해 보였기 때문이다. 나는 이 점을 영업 사원에게 말했고, 그는 나의 우려를 이해한다고 말했다. 그러더니 중고차를 구매하는 모든 고객에게 구매한 뒤 일 년 이내에 새 타이어를 무상으로 제공하는 프로모션이 진행 중이라고 하면서 이렇게 말했다. "몇 주 내로 서비스 부서와 일정을 잡으시면 타이어를 교체해 드릴 겁니다." 합리적인 제안으로 보였고, 그 판매점과의 경험도 긍정적이었기 때문에 흔쾌히 동의했다. 일주일이 지난 뒤, 나는 타이어 교체 일정을 잡기 위해 전화했다. 나중에 혹시 황당한 상황이 발생하지 않도록 그 영업 사원의 말이 맞는지 확인하려는 의도도 있었다. 그러나 그때부터 문제가 생겼다.

서비스 담당 직원은 자사의 시스템에는 그런 프로모션이 없기 때문에, 그 약속을 이행할 수 없다고 말했다. 나는 나와 거래했던 영업 사원에게 연결해 달라고 요청했다. 전화가 연결된 후 내가 알고 있는 내용을 그에게 이야기했지만, 그는 타이어 무상 교체에 대해 말한 적이 없다고 발뺌했다. 나는 그와 설왕설래하다가 당시의 대화가 기억이 나지 않냐고 다그쳐 물었다. 그러자 그는 그 문제에 대해 이야기했던 기억은 어렴풋이 있지만, 타이어 교체에 대해 명확하게 말한 것은 없다면서 끝까지 내 말을 인정하지 않았다. 나는 어떤 형태든 오해가 있었음을 인정하고, 수년 동안 충성 고객이었음을 강조하며 어떤 조치를 취해 줄 수 있는지 물었다. 그러자 그는 타이어 교체 비용을 10% 할인해 주겠다고 했다. 말할 것도 없이, 나는 그 제안에 만족하지 않고 50% 할인을 요구하며 맞섰다. 이 시점에서 그 정도가 공평하고 합리적인 가격이라고 생각했기 때문이다. 하지만 영업 사원은 더 이상 양보할 생각이 없었다.

불만이 극에 달한 나는 이 판매점의 총괄 관리자와 통화하게 해 달라고 요청했다. 이전에 관리자와 소통한 적은 없었지만, 그에게 판매점과의 거래 이력과 현재 상황을 설명했다. 관리자는 내 말에 공감하면서도, 이전에 영업 사원이 그런 제안을 한 것은 부적절했다고 말했다. 나는 일부 오해가 있었을 가능성이 있다는 점은 인정했다. 그러나 이 문제의 대처 방식에 매우 실망했으며 타이어에 대한 약속을 지키거나 최소한 절반의 부담이라도 덜어주기 바란다는 의사를 표명했다. 그러나 관리자는 영업 사원이 제안한 10% 할인 혜택 이상의 조치는 불가능하다는 입장을 밝혔다. 그러자 나는 수년 동안 좋은 고객이었다는 점을 강조하면서, 이번 결정이 우리 관계를 영구적으로 손상시킬 수 있다고 경고했다. 하지만 관리자는 그럴 가능성을 인정하면서도 그 결과를 기꺼이 감수할 수 있다고 답했다. 나는 이 경험이 너무 실망스럽고 불공정하다고 느껴졌고, 그들은 고객과의 관계를 존중하지 않는다고 생각했다. 결국, 나는 그 판매점과의 거래를 중단했을 뿐만 아니라 내 경험을 주변 사람들과 폭넓게 공유했고, 주 정부 기관에 그들의 업무 관행에 대해 문제를 제기했다.

이 사례는 양측에 도움이 될 수 있었던 거래가 약속 불이행으로 인해 결국 관계가 영구적으로 손상된 경우라고 할 수 있다. 자동차 판매점은 단기적인 관점에서 비용을 아끼는 데 집중하는 선택을 함으로써 장기적인 관점에서 충성 고객을 잃는 결과를 자초했다. 이 협상은 양측 모두에게 명백한 실패였다. 나는 새 타이어를 무료로 받지 못하고 교체 비용을 지불해야 했으며, 판매점은 협상 방식 때문에 소중한 고객 한 명(어쩌면 다른 고객까지도) 잃었다.

5) 배트나에 못 미치는 합의에 도달하는 경우

협상에서 이루어지는 많은 합의가 실제로는 바람직하지 않거나, 애초에 성사되지 말았어야 하는 합의인 경우가 많다. 예컨대 합의가 한쪽 또는 양쪽 당사자의 근본적인 이익을 충족시키지 못하거나, 협상을 통해 가치를 확대할 수 없거나, 배트나 BATNA, Best Alternative To a Negotiated Agreement(협상 결렬 시 선택할 수 있는 최선의 대안)에 못 미치는 합의에 도달한 경우가 여기에 해당한다. 이러한 실패가 발생하는 이유는 협상가들이 사전에 철저한 준비를 하지 않았거나 협상 과정에서 과도한 압박감을 느끼기 때문이다. 원인이 무엇이든, 이런 합의는 잉크가 마르기도 전에 무산되는 경우가 흔하다.

다음 사례는 미흡한 준비와 불충분한 정보가 어떻게 배트나보다 훨씬 더 못 미치는 합의로 이어지는지를 잘 보여 준다. 브라이언 엡스타인은 영국 리버풀에서 나고 자랐으며, 그의 아버지는 가구 판매상이었다. 1961년 11월에 비틀스의 공연을 처음 보았고, 당시 그는 음반 가게를 운영하고 있었다. 이 이야기는 많은 손님이 엡스타인의 음반 가게에 와서 비틀스가 독일에서 녹음한 싱글 앨범을 구해달라는 것에서 시작된다. 밴드의 성장 가능성을 알아본 엡스타인은 직접 확인하기 위해 캐번 클럽을 찾아갔다. 그곳은 영국 리버풀 중심가에 위치한 재즈 클럽으로, 비틀스는 이곳에서 자주 공연을 했다. 엡스타인은 클럽에서 그들의 공연을 보고 깊은 감명을 받았다. 그 후 매일 클럽을 찾았고, 비틀스에게 매니저가 되고 싶다고 제안했다.

1962년 1월, 엡스타인과 비틀스는 첫 번째 매니지먼트 계약을 체결했다. 엡스타인은 비틀스 수익의 25%를 받는 조건으로 합의했는데, 이는 매니저로서 그의 역할에 비해 상당히 높은 비율이었다. 나중에 존 레논은 당시 상황을 이렇게 회상했다. "그는 우리를 매니지먼트하고 싶어 했고 우리는 더 나은 대안이 없었기 때문에 '좋아요. 그렇게 하죠.'라고 동의했습니다." 처음에 비틀스는 엡스타인에게 25%를 줄 만한 가치가 있다고 생각했다. 엡스타인은 EMI의 조지 마틴과 계약을 체결하고 링고 스타를 영입했다. 또한, 그들의 음악 스타일을 대중 취향으로 바꿔서, 비틀스가 영국을 시작으로 세계적으로 성공하는 데 결정적인 역할을 했다.

그러나 시간이 지나면서, 협상의 관점에서 문제가 하나둘씩 드러나기 시작했고, 점점 더 심각해졌다. 대부분의 문제는 엡스타인이 협상에 대한 준비가 부족했고, 음반 산업의 상황이나 업계 표준을 자세히 몰랐기 때문이었다. 당시 그는 공개적으로 이렇게 말하기도 했다. "나는 음악적 지식도 없고 쇼나 음반 사업에 대해서도 잘 알지 못합니다. 비틀스가 유명한 이유는 그들이 뛰어나기 때문이지, 나의 매니지먼트 능력이 뛰어나서가 아닙니다." 엡스타인이 처음으로 조지 마틴과 체결한 EMI 계약은 실패한 사례로 평가된다. 이 계약에 따라, 비틀스는 음반이 팔릴 때마다 단 1페니를 받았고, 그것을 네 명이 나눠 가져야 했다. 게다가 영국 외 지역 판매에 대해서는 절반인 고작 0.5페니만 받았으며, 이것 역시 네 명이 나눠 가졌다.

엡스타인이 주도한 여러 건의 실패한 다른 협상이 있지만, 그중에서도 부족한 준비가 두드러진 사례는 1964년 비틀스가 영화 〈하드 데이즈 나이트 A Hard Day's Night〉라는 영화를 촬영할 당시 체결한 계약이었다.

당시 영화사 관계자들에 따르면, 영화사 측에서는 내부적으로 비틀스에게 수익의 25% 이상은 절대 줄 수 없다는 방침을 정해두었다고 한다. 그런데 엡스타인은 협상에 들어갈 때 단호하게 말했다. "나와 비틀스는 7.5% 이하로는 절대 합의하지 않을 겁니다." 그러자 영화사는 흔쾌히 동의했고, 결과적으로 비틀스는 막대한 금전적 손해를 보게 되었다.

어떤 기준에서 보더라도, 비틀스에게는 실패한 협상이었다. 더욱이 업계 관행과 비틀스의 명성을 고려하면, 최악의 계약이라고 할 수 있다. 비틀스는 엄청난 협상 영향력을 행사할 수 있었지만, 엡스타인의 음반 업계에 대한 지식 부족과 미흡한 준비 탓에, 결과적으로 그 기회를 제대로 살리지 못했다.

6) 감정을 효과적으로 관리하지 못한 경우

감정은 모든 협상가에게 오래된 과제다. 협상에서 중요한 역할을 하기 때문에, 잘 통제하면 생산적인 방식으로 작용할 수 있다. 그러나 감정을 효과적으로 관리하지 못하면 감정에 압도되고 긴장이 고조되며, 결국에는 협상이 실패로 끝날 수 있다.

장기 이식 수술 분야에서 명성을 얻은 한 의사에 관한 이야기다. 그는 대학 교육 및 연구 병원에서 시간제로 근무하고 자신의 개인 병원에서도 일하는 특수한 상황에 놓여 있었다. 그렇게 이중적인 역할을 수행하면서 대학 병원 동료들의 시기심으로 인해 동료들과 갈등이 있었다. 또한 두 역할 사이에서 이해관계가 충돌하는 경우도 있었다. 예를 들어, 장기가 기증되었을 때 수혜자를 대학 병원 환자와 개인 병원 환자 중 누구로 정할지, 그리고 더 중요한 것은 그 결정을 누가 내릴지가 문제였다.

양측은 문제의 심각성을 인식하고 함께 모여 해결책을 모색하기로 합의했다. 초기에 그는 동료 의사들과의 합의에서 뚜렷한 진전이 보이지 않자, 제삼자로 하여금 협상을 중재하도록 했다. 이 중재는 큰 도움이 되었으며 양측은 합의에 상당한 진전을 이룰 수 있었다. 가장 중요한 사항 중 하나는 합의한 내용이 언제부터 발효될 것인가였다. 그는 개인 병원에 새로운 프로세스를 구축하는 데 약 30일이 소요된다고 설명했고, 상대 동료 의사 측도 이에 동의했다.

하지만 서명 직전에 다소 강경한 태도를 보였던 상대측 변호인이 자신의 의뢰인을 비공개로 면담할 수 있게 달라고 요청했다. 그들이 다시 협상 테이블로 돌아왔을 때, 변호인은 30일 후가 아닌 이틀 후에 계약이 발효되기를 원한다고 말했다. 이유에 대해서는 아무런 언급도 하지 않았고, 추가적인 정보 공유도 거부했다.

그는 깊은 모욕감을 느꼈다. 자리에서 벌떡 일어나 합의서를 찢어버리고 "내일까지 사직서를 제출하겠습니다."라고 말한 뒤 협상 테이블을 박차고 나갔다. 희망적으로 진행되던 협상은 결국 파국을 맞게 되었다.

이 협상이 실패한 원인에 대해서는 여러 가지 해석이 가능하지만, 통제하지 못한 감정이 얼마나 큰 영향을 미치며 궁극적으로는 협상이 실패할 수도 있음을 분명히 보여 주었다. 자리를 박차고 나간 그는 마지막 순간에 상대측의 행동에서 강한 불신을 느꼈다. 막판에 변경된 합의 내용과 충분하지 않았던 설명에 대해 모욕감을 느꼈으며, 이는 그에게 깊은 무례함이 깔려 있다는 인상을 주었다.

7) 숨겨진 역학 관계나 무형의 요인들을 인지하지 못한 경우

많은 협상에서는 부족한 정보로 인해 인지하지 못한 다양한 역학 관계와 무형의 요소들이 존재한다. 이 요인들은 처음에는 눈에 잘 띄지 않아서 협상 실패의 주된 원인이 되곤 한다. 이런 상황이 발생하는 이유는 협상가가 수면 아래의 요인을 인지하지 못하거나, 그러한 요인들이 실제로 협상을 주도하고 있다는 신호를 놓치기 때문이다. 그 결과, 엉뚱한 곳에 집중하느라 문제의 본질을 제대로 다루지 못하는 상황이 발생한다. 다음의 사례는 이런 유형의 문제로 인해 협상이 어떻게 실패로 이어지는지 잘 보여 준다.

남아프리카공화국 해안에 아름다운 호텔이 하나 있었다. 이 호텔은 듀베 가족이 소유한 여러 부동산 사업체 중 하나였다. 이 가족에게는 캐롤라인과 마틴이라는 남매가 있었는데, 이들은 성장한 후 가족 사업에 참여하게 되었다. 캐롤라인은 법학을 전공하고 실무 경험을 쌓았고, 익힌 지식과 기술을 가족 사업에 적용했다. 반면, 남동생 마틴은 심신이 다소 미약하고 삶의 방향을 잡지 못해서 어린 시절에 약물에 의존하기도 했다. 나중에는 이를 극복했지만 그러는 과정에서 가족들은 큰 고통과 아픔을 겪었으며, 이는 가족들로 하여금 마틴의 능력에 부정적인 시각을 갖게 했다.

마틴은 삶을 재정리하고 결혼한 후, 가족 사업에서 자신의 자리를 찾고자 노력했다. 그러나 과거 남매 사이에 남아있던 좋지 않은 감정이 수면 아래에서 여전히 존재했다. 이 갈등은 각자의 배우자들에 의해 더욱 심화되었다. 배우자들은 처남과 시누이를 거의 신뢰하지 않았고, 그 불신을 아내와 남편에게 감추지 않았다.

아버지 존은 결국 아들 마틴과 며느리에게 호텔 운영을

맡기기로 결정했다. 다행히 두 사람은 호텔을 아주 훌륭히 운영했다. 시간이 지나고 성과가 쌓이자, 마틴은 독립적인 운영을 요구하기 시작했다.

마틴은 아버지에게 호텔을 자신들에게 유리한 조건으로 매각해 달라고 제안했다. 이것이 갈등의 불씨가 되었다. 캐롤라인이 이 호텔은 가족 사업의 핵심 자산이라고 주장하며 그 제안을 반대하고 나섰다. 아버지 존은 캐롤라인의 의견에 동의했고, 어머니 엘리너도 같은 입장을 취했다.

이에 존은 한 가지 대안을 제시했다. 호텔은 가족 사업의 일부로 남겨두되, 마틴과 그의 아내가 계속해서 호텔을 운영하면서 가족 사업 내에서 더 큰 지분을 보유할 수 있도록 하는 것이었다. 이 제안에 따르면, 마틴 부부는 궁극적으로 호텔 사업의 10% 지분을 보유하게 된다. 하지만 마틴은 이 제안을 거절했고, 가족 간의 갈등은 좀처럼 해결될 기미가 보이지 않았다.

그러자, 가족은 협상의 해결책을 찾기 위해 제삼자인 앨런을 불러들였다. 캐롤라인과 마틴 모두 배우자가 공식적인 절차에 관여하는 것을 원치 않았고, 앨런은 두 사람의 뜻을 존중했다. 그러나 이는 치명적인 실수로 드러났다. 실제로 배우자들이 뒤에서 영향력을 행사하며, 협상 결과를 좌우할 열쇠를 쥐고 있었기 때문이다.

가족 간의 협상이 실패로 돌아간 것은 바로 이러한 불신, 경멸과 같이 숨겨져 눈에 보이지 않는 감정 때문이었다. 이 실패는 가족에게 막대한 피해를 주었고, 이후에도 가족들은 오랫동안 분열된 상태로 남았다.

이것이 완벽한 사례라고 할 수는 없지만, 협상에서 일어날 수 있는 실패의 다양한 원인을 잘 보여 준다고 생각한다. 마지막으로 논의해야 할 한 가지 측면이 남아 있다. 그것은 바로 실패가 정확히 얼마나 심각한 결과를 초래했는지, 실패의 심각성을 확인하는 것이다.

실패의 심각성

도로 위를 운전하다 보면 요철을 만나기 마련이다. 단순한 웅덩이라면 무사히 지나갈 수 있지만, 도로 전체를 드러내고 다시 포장해야 하는 상황이라면 문제는 심각해진다.

협상에서 경험하는 실패 역시 이와 유사하며, 실패를 분석할 때 반드시 판단해야 하는 요소다. 예를 들어, 협상 당사자들이 성공 가능성이 낮다는 사실을 알면서도 향후 목표 달성에 궁극적으로 도움이 될 만한 무언가를 배울 수 있기를 바라면서 협상에 임할 수 있다. 아니면 실패가 일시적인 좌절에 불과하며 가까운 시일 내에 협상이 재개될 가능성이 있는 상황일 수 있다. 그것도 아니라면, 당사자 간의 관계와 협상이 완전히 결렬되고 재앙 수준의 심각한 실패 상황일 수도 있다. 실패의 심각성은 연속적인 것이므로, 위의 모든 결과 혹은 그 이상의 심각한 형태로 나타날 수 있다.

협상에서 겪을 수 있는 실패의 본질과 심각성을 이해하는 데 도움을 주고, 협상을 재개하기 위해 시간과 노력을 기울일 가치가 있는지 없는지를 판단할 수 있는 4단계 심각성 척도(그림 1-1)를 만들었다.

"협상을 재개하기 위해 최선을 다해야 하는가?"라는 질문에, 대부분 "그렇다."라고 대답한다. 하지만 회복 불가능한 실패가 분명히 존재하며, 그 점을 반드시 인식하는 것이 중요하다.

그림 1-1. 실패가 얼마나 심각한가?

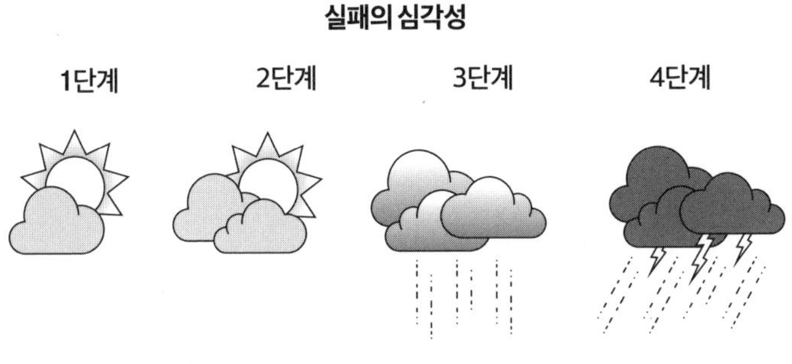

실패의 심각성

1단계　　　2단계　　　3단계　　　4단계

- **1단계 : 똑똑한 실패** Intelligent Failure

1단계 개념은 심 시트킨Sim Sitkin의 논문《실패를 통한 학습: 작은 손해의 전략Learning Through Failure : The Strategy of Small Losses》에서 차용했다. 시트킨은 이것을 불확실성을 뛰어넘어 무슨 일이 벌어질지를 알아보려는 욕구에서 기인한 것으로, 어느 정도 예상되는 실패라고 정의했다. 똑똑한 실패는 아이디어나 개념을 발전시키기 위해 의도적으로 탐색에 나서는 과정에서 발생하며, 그 결과가 이어지는 다음 단계에서 도움이 되거나 새로운 돌파구가 되기도 한다. 특히 합의에 도달하기 어려운 협상에서는 이런 실패가 자주 나타나는데, 협상 자체가 무엇이 가능한지를 탐색하는 과정이기 때문이다. 그 과정에서 창의적인 사고가 제시되었거나, 배울 점이 있었거나, 다음 협상을 위한 씨앗을 심는 계기가 되었다면, 그 실패는 1단계로 볼 수 있다. 이 수준에서는 실패를 반드시 부정적인 것으로 간주하지 않는다.

• 2단계: 일시적 좌절 Temporary Setback

2단계는 가장 경미한 수준의 실패다. 일시적인 좌절이나 협상 중단의 형태로 나타나지만, 합의가 완전히 무산된 것은 아니다. 협상 테이블로 돌아갈 수 있는 비교적 명확한 경로가 존재하며 협상 당사자들도 합의에 도달할 수 있다고 믿기 때문에, 가까운 시일 내에 협상이 재개될 가능성이 높다. 실제로 많은 협상가들이 이러한 관점에서 실패를 바라본다. 협상가들이 교착 상태에 빠지거나 막다른 상황에 직면해서 합의에 진전의 기미가 보이지 않는다고 판단했을 때, 어느 정도 시간이 흐른 후에 새로운 아이디어나 접근 방식을 가지고 다시 협상 테이블로 돌아오는 경우가 있다.

• 3단계: 결렬 Breakdown

3단계는 2단계보다 더 심각한 수준의 실패로, 앞으로 어떤 일이 일어날지에 대한 불확실성이 큰 경우다. 이 단계의 실패는 협상이 지속될 가능성이 낮은 것이 특징이다. 재개될 가능성이 전혀 없는 것은 아니지만, 그러기 위해서는 양측의 협상 재개 의지, 많은 시간과 노력, 창의적인 사고가 필요하다. 이는 양측이 입은 손상 정도, 배트나의 성격, 힘의 비대칭성, 마감 기한, 시간 압박과 같은 역학 관계를 포함한 여러 요인에 의해 좌우된다.

• 4단계: 파국적 실패 Catastrophic Failure

4단계는 가장 심각한 수준의 실패다. 이는 협상이 완전히 결렬되고 당사자 간의 관계가 돌이킬 수 없을 정도로 심각하게 손상되어, 극적인 상황이 발생하지 않는 한 협상을 재개할 수 없는 파국적인 상태라고 할 수 있다. 일반적으로 협상가가 가장 받아들이기 어려운 형태의 실패이며, 모든 협상 기회가 종결된 것으로 간주한다. 상당한 시간이 흐른 후 언젠가 협상 재개가 가능은 하겠지만, 가까운 시일 내에 협상이 이루어질 가능성은 매우 낮다.

2장

협상에 실패한 이후, 무엇이 배움을 가로막는가

과거는 배우는 곳이지
삶이 머무르는 곳이 아니다.

―로이 베넷Roy T. Bennett

이전 장에서 살펴보았듯이, 협상에서 여러 가지 유형으로 실패를 경험할 수 있으며, 그 실패의 심각성은 사소한 것부터 중대한 것까지 다양하다. 실패를 피할 수 없다는 현실을 인정한다면, 다음으로 할 질문은 "우리가 실패했을 때, 왜 그 실패로부터 진정으로 배우지 못하는가?"이다. 지나친 일반화라고 주장할 수 있지만, 그렇게 말할 만한 충분한 근거가 있다. 현장의 동료, 교육 참가자, 수강생 등과 이 문제에 관하여 대화를 나눠 보면, 그들은 대부분 실패한 협상 경험에서 무엇을 배울 수 있는지 알고 싶어 했고 배움을 방해하는 요인이 무엇인지 이해할 방법이 필요하다고 말했다.

이 문제를 다룬 연구서 중, 스콧 페페트Scott Peppet과 마이클 모핏Michael Moffitt이 저술한《협상하는 법 배우기Learning How to Learn to Negotiate》이 가장 주목할 만하다. 그들은 협상가가 협상을 통해 진정으로 배우기 위해서는 자신의 능력에 대한 유효한 데이터와 실제 사례를 분석할 수 있어야 하고, 분석한 정보를 의미 있는 방식으로 활용할 의지가 필요하다고 강조한다. 또한 그들은 대부분의 협상가들이 자기 성찰을 통해 마주한 두려움이나 편향과 같은 심리적인 요인 때문에 과거의 경험에서 제대로 배우지 못한다고 말한다.

이 연구를 바탕으로, 실패에서 배우지 못하는 구체적인 이유와 함께 함정에 빠지지 않기 위해 의식적으로 실천할 수 있는 방법을 제시하고자 한다. 인식은 우리의 눈을 뜨게 하고, 마음을 열어주는 열쇠다.

책임 전가

실패한 협상으로부터 배우지 못하는 가장 큰 이유는 상대방에게 책임을 전가하고 자신의 행동을 합리화하기에 급급하기 때문이다. 합리화는 이해하기 어려운 생각이나 행위를 설명할 수 있는 논리적인 이유를 찾는 행위이며, 이는 자기 정체성을 보호하는 강력한 심리적 도구다. 자신의 행동을 합리화하면, 실패의 원인을 상대방이나 통제할 수 없는 상황 탓으로 돌리게 된다. 그 결과, 모든 잘못이나 책임이 상대 협상가나 외부 상황에게 돌아간다. 이것은 실제로 일어난 일을 솔직하고 정직하게 평가하지 못하게 만든다.

한 가지 예를 들어보자. 기업가 마빈은 셰리스라는 벤처기업 투자자와 협상을 준비 중이었다. 마빈은 기술 기반의 사업을 시작하기 위해 셰리스에게 자금을 요청할 예정이었다. 셰리스는 이 업계에서 평판이 좋은 투자자였고 마빈의 친구와는 친분이 있었다. 마빈은 셰리스와의 만남을 꽤 오랫동안 준비하며 기대하고 있었다.

그러나, 마빈이 셰리스에게 처음 프레젠테이션을 했을 때, 몇 분도 채 지나지 않아 셰리스는 흥미를 잃은 듯했고 심지어 집중도 못하는 것처럼 보였다. 감정이 점점 격해진 마빈은 참다못해 무슨 문제가 있느냐고 물었다. 셰리스는 마빈을 돌아보며 다소 냉소적인 말투로 말했다. "솔직히 말씀드리면, 저는 이 제품의 가치를 잘 모르겠습니다. 게다가, 제 입장에서 우려되는 부분은 이 제품이 시장에서 어떤 차별점이 있는지 불분명하다는 겁니다. 제가 이 제품에 관심을 갖게 하시려면, 더 많은 노력이 필요할 것 같습니다. 불편하게 들리시겠지만, 질문을 하셨기 때문에 지금 제 생각을 솔직히 말씀드리는 겁니다."

마빈은 말문이 막혔고, 속에서 분노가 끓어올랐다. 마빈은 마음속으로 생각했다. "고작 몇 분 동안 설명을 듣고 내가 몇 년 동안 공들여 만든 아이디어를 어떻게 무참히 짓밟을 수 있지? 이 제품의 가치를 전혀 이해하지 못하고 있어!" 마빈은 격앙된 어조로 맞받아쳤다. "당신은 이 제품의 가치를 전혀 모르시는군요. 내 설명을 듣고도 이해하지 못했다면 당신은 이 제품의 잠재력을 알아볼 만큼 똑똑하지 않은 겁니다." 마빈은 서둘러 짐을 챙기고 셰리스의 눈을 똑바로 바라보며 마지막으로 이런 말을 했다. "손해 보는 건 당신입니다!" 그러고는 회의실 문을 박차고 나갔다.

마빈이 집에 돌아오자, 아내는 협상 결과를 물었다. 아내는 남편이 이전에도 투자자들과의 협상에 실패했다는 것을 알고 있었기에, 남편에게 투자할 사람이 거의 없으리라 생각하고 있었다. 아내는 남편의 잇따른 실패로 인해 재정 상황에 대한 불안감이 커진 상태였다. 마빈은 아내를 노려보고 버럭 화를 냈다. 셰리스가 얼마나 멍청한지, 그리고 자신이 제안하는 아이디어의 가치를 이해하지 못하는 사람한테 투자받고 싶지 않다고 말했다. 마빈은 식탁에서 일어서면서 이렇게 소리쳤다. "그 사람은 멍청해서 기회가 눈앞에 있어도 알아보지 못하는 거야!"

마빈은 자신의 제품을 다시 살펴보고 셰리스의 비판을 개선의 기회로 받아들일 생각을 전혀 하지 않았다. 오히려 단점을 지적한 것을 비난하고 타인의 능력이 부족하다고 주장함으로써 자신의 생각을 합리화하려고 했다.

타인에게 책임을 전가하고 합리화하는 것은 자신이 받은 비판을 냉정하게 살펴보고 어려운 상호작용에서 배우려고 노력하는 것보다 훨씬 쉬운 일이다. 그러나 협상에서 책임 전가는 자신의 평판을 유지하는 데만 도움이 될 뿐, 아무런 도움이 되지 않는다. 책임 전가라는 틀에 갇혀 생각하면, 실패가 오로지 누구의 잘못인지에만 초점을 맞추게 된다. 이러한 사고방식은 "방금 무슨 일이 있었고, 거기에서 무엇을 배울 수 있을까?"라는 질문을 떠올리지 못하게 만든다. 과거를 통해 많은 교훈을 얻을 수 있지만, 그것은 열린 마음을 가질 때만 가능하다. 책임 전가가 깨달음을 가로막는다는 것은 단순하면서도 명확한 진실이다.

편향과 추단

실패한 협상으로부터 배우지 못하는 두 번째 이유는 평판을 보호하기 위해 무의식적으로 다양한 심리적 편향에 의존하기 때문이다. 인간은 자기 보호에 대한 내적 욕구를 가지고 있으며, 의식적이든 무의식적이든 이를 만족시키기 위해 많은 노력을 기울인다. 실패를 외면하게 만드는 여러 가지 편향이 존재하는데, 이는 결국 자기 보존에만 도움이 될 뿐이다. 여기서는 대표적인 몇 가지 편향을 소개하고, 그것이 어떻게 작동하는지 설명하려고 한다. 부록 A에서도 확인할 수 있다.

실패에 대처할 때, 가장 먼저 해결해야 할 편향은 아마 '자기위주 편향Self-serving bias'일 것이다. 엘리자베스 크루스마크Elizabeth Krusemark, 키스 캠벨W. Keith Campbell, 브렛 클레멘츠Brett Clementz는 이 편향을 "자존심을 유지하고 강화하려는 욕구 또는 지나치게 유리한 방식으로 자신을 인식하려는 경향으로 인해 생기는 왜곡된 인지적·지각적 과정이다."라고 정의한다. 이 편향은 앞에서 언급한 자기 합리화를 강화시키며, 실패로부터 배운다는 개념에 정면으로 배치된다. 그리고 성공은 자신의 능력 덕분이라고 여기는 반면, 실패는 자신이 통제할 수 없는 요인이나 상대방 때문이라고 여기는 경향으로 나타난다. 심지어 자신이 어떤 행동을 취하든 상관없이 상대방을 비합리적인 사람으로 간주해 버린다. 물론 이러한 편향을 가진 데에는 나름의 이유가 있을 수 있고 부분적으로는 사실일 수도 있지만, 협상 실패의 원인을 전체적으로 이해하는 데는 큰 걸림돌이 된다.

두 번째 편향은 '역효과 편향Backfire Effect'이다. 이것은 누군가가 우리의 믿음이 특정 상황에서 옳은지에 대해 의문을 제기할 때, 이를 재검토하기보다는 더 강하게 고수하는 경향을 말한다.

두 명의 협상가 칼과 아니타가 협상을 진행 중이라고 가정해 보자. 아니타는 칼의 주장 중 일부에 이의를 제기하며 사실을 왜곡하고 있다고 지적한다. 이때 칼은 아니타에게 왜 그런 생각을 하는지 묻기보다는, 자신의 주장과 입장을 정당화하는 데 급급해한다. 아니타가 계속해서 반박하면 칼은 점점 긴장하고 당황하며 주장을 뒷받침할 근거만 계속 늘어놓는다. 그러나 아니타는 이러한 칼의 방어적인 태도를 알아차리고, 한발 물러서며 칼의 태도가 마음에 들지 않는다고 말한다. 그리고 칼이 다른 관점에 열려 있지 않다면 협상을 더 이상 지속할 필요가 없다는 의사를 분명히 밝힌다. 결국, 아니타는 짐을 챙겨 갑작스럽게 자리를 떠나고 협상은 결렬된다.

이 사례에서 알 수 있듯이, 역효과 편향의 어려운 점은 사실과 데이터에 지나치게 의존한다는 점이다. 사실과 데이터가 항상 사람들에게 동기를 부여하는 것은 아니기 때문에 이것들은 협상에서 문제가 될 수 있다.

정치적인 주제에 대한 오해를 다룬 연구들은 다음과 같은 결과를 도출했다. "사람들에게 해당 주제에 대한 정확한 정보를 제공했을 때, 새로운 정보가 기존의 믿음과 상충되면 사람들은 원래 믿고 있던 잘못된 정보를 더 강하게 믿는 경향이 있다."

이는 자기위주 편향과도 관련이 있다. 우리는 대체로 자신이 틀릴 수 있다는 것을 인정하려고 하지 않는다. 따라서 협상에서 상대 협상가에게 우리가 옳다는 것을 설득하기 위해 더 많은 사실을 파헤치고 제시하는 방식을 고수한다면, 오히려 문제가 발생할 수 있다. 또한 더 설득력 있거나 효과적인 접근 방식이 있다는 신호를 놓칠 수도 있다.

역효과 편향은 자아와 밀접한 관련이 있다. 사람들은 특정 입장을 고수하면서, 자신의 관점에 문제가 있다거나 다른 타당한 방법이 존재할 수 있다는 점을 왜 인정하지 않는 것일까? 계몽주의 시대의 철학자 볼테르는 이와 관련하여 유명한 말을 남겼다. "불확실성은 불편하지만, 확실성은 불합리하다." 협상가로서 자신이 옳다는 확신은 협상 도중 나타날 수 있는 다른 좋은 기회를 놓치게 만들고 의도치 않은 부정적인 결과를 초래할 수 있다.

마지막으로, 편향과 관련 있는 개념인 추단Heuristics은 사실 삶을 효율적으로 살아가기 위해 만들어 낸 정신적 지름길이다. 때로는 유용하지만, 문제점도 내포하고 있다. 주위의 많은 것들이 언뜻 보기에는 비슷해 보이지만, 깊이 들여다보면 실제로는 상당히 다르다는 것을 알 수 있다. 다시 말해, 겉보기에는 오리처럼 보이고 오리처럼 꽥꽥거리면 오리일 가능성이 높지만, 자세히 살펴보면 오리너구리일 수도 있다.

협상에서 추단이 어떻게 나타나는지 간단한 예시로 살펴보자. 반사적 평가절하Reactive Devaluation라고 알려진 일반적인 편향에 따르면, 협상가는 상대방이 자신에게 부정적인 견해를 가지고 있을 때, 그 상대방의 제안을 과소평가하는 경향이 있다. 이러한 편향은 제안의 장점을 충분히 고려하지 않고 자동적으로 거부하는 정신적 추단을 고착시킨다. 이 책의 후반부에서 협상에서 얻은 교훈을 다른 협상에서 적용하는 방법에 대해 논의할 예정인데, 그때 추단의 개념을 더욱 중요하게 다룰 것이다.

성찰하지 않는 경험

실패한 협상으로부터 제대로 배우지 못하는 세 번째 이유는 경험 자체가 훌륭한 스승이라고 생각하기 때문이다. 하지만 과연 그럴까? 경험이 최고의 스승이 될 수 있지만, 이를 위해서는 특정 협상에서 발생한 일을 솔직하게 분석해야 한다.

예전에 진행했던 교육 세션이 끝날 무렵, 한 참가자가 찾아와 과거에 잘 풀리지 않았던 협상 상황을 이야기한 적이 있다.

그는 10분 정도 자신의 경험을 설명한 후 이렇게 말을 마쳤다. "저는 그 협상에서 정말 귀중한 교훈을 얻었습니다!" 그때 나는 의아한 표정으로 그를 쳐다보았다. 그의 이야기에서 교훈이 될 만한 것을 거의 발견하지 못했기 때문이다. 그래서 나는 그에게 물었다. "궁금한 점이 있는데요. 그 경험에서 진정으로 무엇을 배웠다고 생각하시나요? 그리고 그 교훈을 앞으로 어떻게 적용하실 건가요?" 그는 잠시 멍하니 나를 쳐다보다가 자신이 무엇을 배웠는지 설명하려고 애썼지만 우물거릴 뿐이었다. 바로 그 순간, 나는 그를 더 깊은 대화로 초대했다.

우리는 일단 자리에 앉았다. 그가 어떤 행동을 했으며 어떤 선택을 내렸는지 미묘한 차이까지 정확하게 파악하기 위해, 나는 연이어 몇 가지 질문을 던졌다. 30분 정도 이야기를 나눈 뒤, 나는 다시 물었다. "자, 이제 다시 말해 보세요. 무엇을 배웠나요?" 그는 미소를 지으며 대답했다. "이제 알겠습니다. 진정한 교훈을 얻으려면 진지하게 고민하고 심층적으로 분석하는 과정이 꼭 필요하네요."

손실 회피

실패한 협상으로부터 배우지 못하는 네 번째 이유는 손실을 회피하려는 본능적인 성향 때문이다. 행동 과학 기반의 연구 및 컨설팅 기관인 디전 랩The Decision Lab에 따르면, 손실 회피는 "손실로 인한 고통이 이익에 기인한 기쁨보다 심리적으로 더 강력하게 작용할 때 나타나는 인지적 편향"이다.

인간의 손실 회피 성향은 외부의 위협으로부터 끊임없이 자신을 보호해야 했던 인류의 초기 시대까지 거슬러 올라간다. 당시에 손실은 곧 생존과도 연결되었기 때문에 어떻게든 손실을 피하는 법을 빠르게 배워야 했다. 이러한 본능적인 성향은 오늘날에도 실패나 위험을 필사적으로 피하려는 태도로 이어져, 상황에 맞는 최선의 결정을 내리지 못하게 한다. 손실에 대한 두려움이 그만큼 강력하게 작용하는 것이다. 이러한 사고방식은 실패한 협상으로부터 배우는 데에 커다란 장애물이 되기도 하는데, 다른 합리적인 선택지가 있을 수 있다는 가능성조차 차단해 버리기 때문이다.

협상 관점에서 보면 손실 회피로 인해 더 좋은 기회를 놓치거나, 불필요하게 회의적인 태도를 취하거나, 실패로 이어지는 행동을 하고도 이를 인식하지 못할 수 있다. 따라서 이러한 경향을 인식하는 것이야말로, 앞서 언급한 다양한 심리적 편향에 빠지지 않고 실패를 관리하여 배움을 얻기 위해 최우선으로 해야 할 일이다.

체계적인 접근법 부재

실패한 협상으로부터 배우지 못하는 마지막 이유는, 진정한 배움에 초점을 맞춘 체계적인 접근 방식이 없기 때문이다. 이는 현장에서 동료들과 대화를 나누었을 때 자주 들었던 공통된 견해이기도 하다. 나는 평소 친분이 있는 한 협상가에게 실패로부터 어떻게 배웠는지 물은 적이 있는데, 그는 이렇게 대답했다. "생각해 보니, 우리에게는 실패에서 배우기 위한 체계적인 접근법이 없어요. 그런데 그런 접근법이 꼭 필요하다는 생각이 듭니다."

많은 협상가들이 실패한 협상으로부터 배우는 나름의 방법이 있다고 생각하지만, 이를 위한 명확하고 보편적인 절차나 체계는 존재하지 않는다. 어디서부터 어떻게 개선해야 하는지 이해하기 위해서는 체계적인 접근 과정이 반드시 필요하다.

메릴랜드 대학교의 경영학자 캐서린 바톨Kathryn M. Bartol은 "하나의 협상을 보았다고 해서, 협상을 모두 본 것은 아니다."라고 말했다. 나 역시 동의한다. 그렇다면 이런 관점에서, 실패한 협상으로부터의 배움은 미래의 협상에 어떻게 도움이 될 수 있을까? 해답은 모든 프레임워크를 출발점으로 보아야 한다는 데 있다. 즉, 실패한 협상은 미래의 협상 방향을 제시하지만, 그 이후에는 자신의 특정 상황에 적절히 조정하고 맞추는 과정이 필요하다.

3장

협상에 실패했다면, 이제 어떻게 할 것인가

협상 테이블로 돌아가기 위한
5단계 프레임워크

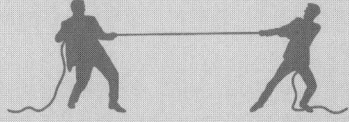

실수를 짊어지고 다니지 말라.
그 대신, 실수를 디딤돌 삼아
더 앞으로 나아가라.

−작자 미상

　이번 장에서는 앞으로 다루게 될 협상 테이블로 돌아가기 위한 5단계 프레임워크에 대한 개요를 간략히 소개하고, 실패가 협상가에게 개선의 기회를 제공한다는 근본적인 핵심 개념에 대해 설명할 것이다. 실패한 경험이 머릿속에 생생하게 남아 있을 때 이 과정을 거쳐야만 실패로부터 진정한 교훈을 얻을 수 있다. 시간이 지나면 교훈이 잊히거나 흐릿해져서 도움이 되지 않을 수 있기 때문에, 협상을 통한 깨달음을 미뤄서는 안 된다.

　보통 새로운 개념이나 아이디어를 배우고 실행에 옮기는 데 자신감이 부족한 경우가 많기 때문에, 대부분 쉽게 따라 할 수 있는 구체적인 방법을 찾는다. 나는 실패로부터 진정으로 배우는 데 도움이 되는 체계적인 과정을 찾지 못했다. 그래서 이 책의 내용이 그러한 이론적인 공백은 물론, 더 나아가 협상 실무에서의 부족함을 채워주기를 바란다. 이 단계별 접근법을 반복해서 사용하면 자연스럽게 습관화가 될 것이며, 바로 그것이 궁극적인 목표다.

이 5단계 프레임워크를 이해하고 기억하는 데 도움이 되도록, 한 가지 비유를 제시하고자 한다. 협상 테이블로 돌아가기 위한 단계별 과정을 그림 3-1과 같이 도식화해 보았다.

첫 번째 단계는 수용하는 과정이다. 협상이 계획대로 진행되지 않았다는 현실을 받아들이고, 그로 인한 손실에 대처하는 것이다. 실패했다는 것은 의도한 목표나 결과를 달성하지 못했다는 의미다. 이 사실을 받아들이고 나서, 손실이 앞으로 어떤 영향을 미칠지에 대해 깊이 생각해야 한다. 이 과정을 외면하면 실패를 온전히 경험하지 못한다. 그렇게 되면, 그 경험이 기억에 남지 않게 되고, 다시 실패를 경험하지 않겠다는 동기 역시 약해질 수 있다.

두 번째 단계는 심층적으로 분석하는 과정이다. 이 단계에서는 숲(전체적인 관점)과 나무(세부적인 관점) 모두에 초점을 맞춰야 한다. 대부분 실패를 경험했을 때, 성찰하지 않고

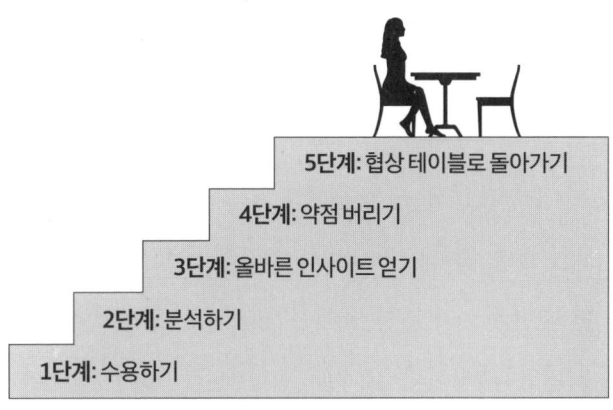

그림 3-1. 협상 테이블로 돌아가기 위한 5단계 프레임워크

앞으로 나아가기에만 집중한다. 하지만 같은 실패를 반복하지 않으려면 정확히 어떤 일이 벌어졌는지, 그 원인은 무엇인지, 우리는 어떤 역할을 했는지, 상대방은 어떤 영향을 미쳤는지, 그리고 어떤 역학 관계가 어떻게 잘못된 길로 이끌었는지를 면밀히 분석해야 한다. 숲과 나무를 모두 파악하기 위해 노력해야 한다. 이러한 심층적인 분석이 있어야 다음 단계로 나아갈 수 있다.

세 번째 단계는 실패한 협상에서 올바른 인사이트를 얻는 과정이다. 향후 다른 협상에 적용할 수 있는 것과 그렇지 않은 것을 구분해야 한다. 실패에서 올바른 교훈을 얻는 것이 중요하다고 강조하는 이유는 부정확하거나 도움이 되지 않는 이전의 교훈을 새로운 협상에 적용하려고 시도하기 때문이다. 이는 잘못된 협상 행동을 강화하여, 더 큰 문제와 실패의 길로 들어서게 만든다. 또한 상황이 달라졌음에도 불구하고, 과거에 배운 교훈을 현재 상황에 적용하는 것은 도움이 되기는커녕 오히려 역효과를 초래할 수도 있다.

네 번째 단계는 실패를 초래한 행동과 사고방식을 적극적으로 버리는 과정이다. 대부분 협상에 접근하는 방법에 대해 지식과 생각을 가지고 있을 것이다. 그러나 정작 그것들이 협상 테이블에서 잘못된 길로 이끌고 약점을 드러내는 원인이 되기도 한다. 이때 취할 수 있는 가장 중요한 행동은 그러한 것들을 과감하게 버리고 새로운 사고방식을 받아들일 수 있는 여지를 만드는 것이다. 이 말이 단순하게 들릴지 모르지만, 이를 실천하기 위해서는 깊은 자기 성찰이 필요하다. 대부분 자신의 약점은 외면한 채, 같은 실수를 반복하는 경우가 많기 때문이다.

다섯 번째 단계는 더 현명하고 강력한 협상가가 되어 협상 테이블에 돌아오는 것이다. 이때 가장 중요한 것은 실패를 되짚어 보는 과정을 통해 협상가로서 자신에 대해 더 깊은 통찰력을 갖는 것이다. 누구도 모든 협상에 대해 완벽한 자신감을 가질 수는 없지만, 이전 단계를 충실히 거치면서 자신 있는 영역이 무엇이고 그렇지 않은 영역이 무엇인지를 명확히 판단할 수 있다. 그 결과, 더 철저히 준비할 수 있고, 자신 있는 영역에 더 많은 힘을 쏟을 수 있을 것이다.

더 현명하고 강해지기 위해서는 세 가지 측면도 함께 고려해야 한다. 첫째, 불확실성을 수용하는 것이다. 이것은 협상 과정에서 느끼게 되는 모호하고 불완전한 상태를 부정적이고 두려운 것으로 여기지 않는 마음가짐을 말한다. 이 기술은 자신감이 흔들릴 때 큰 도움이 된다. 둘째, 이전 협상을 되돌아보고 그로부터 무엇을 배울 수 있는지, 그리고 그 기반 위에 무엇을 구축할 수 있는지 살펴보는 것이다. 또한 협상 재개를 원한다면 이전 협상에서 실패를 초래한 고착 지점을 파악하고 이를 극복할 방법을 고민해야 한다. 마지막으로, 상대 협상가에 초점을 맞추고 그를 설득해서 다시 협상에 참여시킬 방법을 모색해야 한다.

이 5단계 프레임워크는 협상이 완전히 실패한 경우, 즉 다시 협상 테이블로 돌아올 가망이 없는 4단계 실패 상황에도 적용된다. 물론 최종 목표는 다소 달라질 수 있지만, 모든 단계를 거치는 것은 여전히 중요하다. 실패를 통해 배우고, 배운 것을 향후 협상에서 어떻게 적용할 수 있는지에 초점을 맞추어야 한다.

다음 장부터는 5단계를 하나씩 차례로 살펴보면서, 실패에서 배우고 성장할 수 있는 과정을 제시할 것이다. 이 과정을 내면화하면, 앞으로 마주할 협상에서 든든한 기반이 될 것이다.

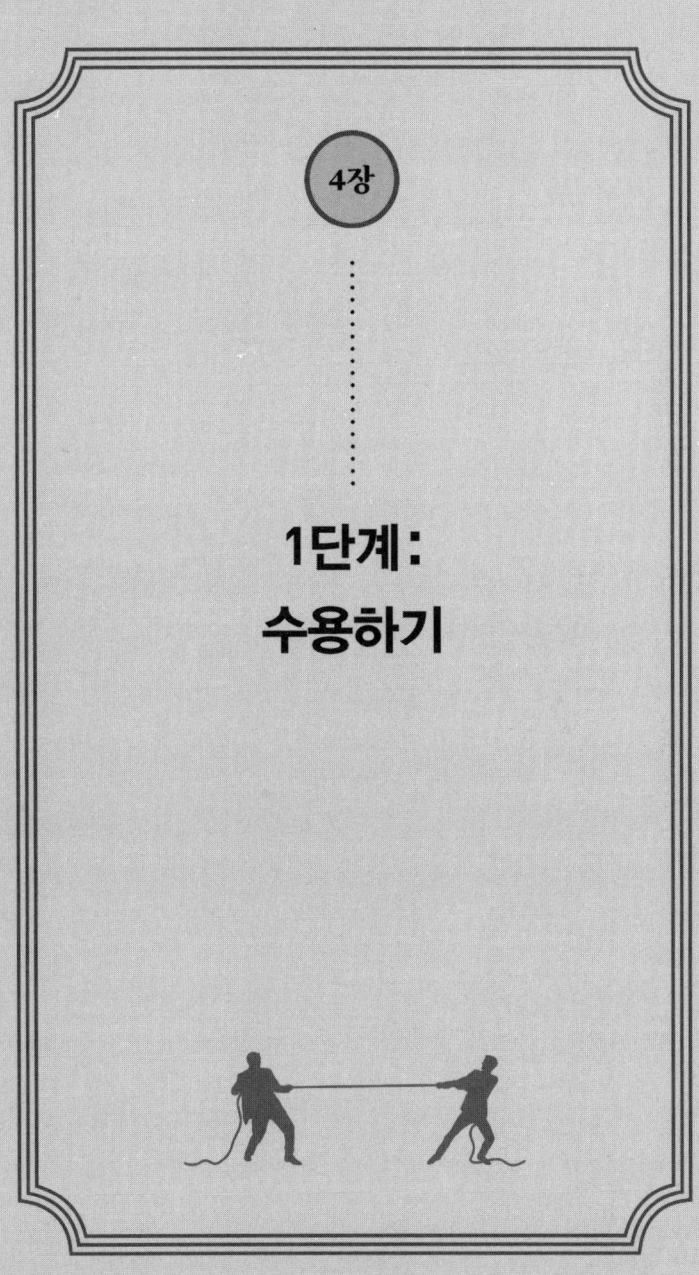

4장

1단계:
수용하기

표출되지 않은 슬픔만큼
슬픈 것은 없다.

―헨리 워즈워스 롱펠로우 Henry Wadsworth Longfellow

협상에서 중대한 좌절이나 실패를 경험했을 때, 그 상황을 효과적으로 대처하기 위해 거쳐야 할 과정이 있다. 이 과정은 목표 달성에 실패했다는 현실을 인정하고 상실을 받아들이거나 슬퍼하는 것에서 시작된다. 실패한 후 느끼는 슬픔, 즉 중대한 상실로 인해 겪는 고통은 앞으로 나아가기 위해 매우 중요하다. 실패에 대해 슬퍼하지 않으면 과거에 대한 기억이 흐려지고 미래의 비전에도 부정적인 영향을 미칠 수 있다.

1960년대 후반 심리학자 엘리자베스 퀴블러 로스Elisabeth Kübler Ross는 상실감 대처 모델을 개발했다. '슬픔의 5단계Five Stages of Grief'라고 알려진 이 모델은 사람들이 죽음이나 죽음

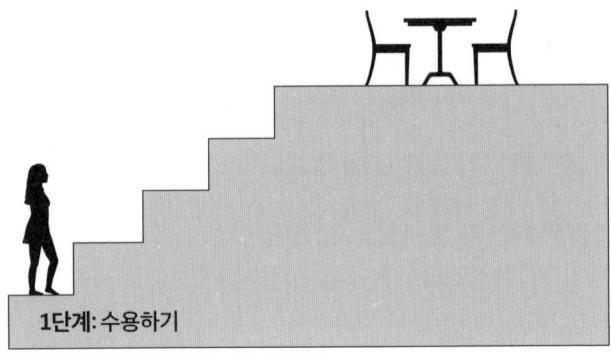

1단계: 수용하기

을 앞둔 상황에 대처하는 방법을 설명하기 위해 고안되었다. 이후에는 다른 영역에도 적용되었으며, 상실에 대처하는 방식을 분석하는 데 유용한 기준점을 제공했다.

여기에 더해 나의 경우에는 실패한 협상으로부터 배울 때 또 하나의 중요한 차원인 '불안'이 자리 잡고 있었다. 그래서 이 단계를 '부정'과 '분노' 사이에 추가했다. 이 모델에 따르면, 사람들은 일반적으로 다음 단계를 거친다.

1. 부정 Denial
2. 불안 Anxiety
3. 분노 Anger
4. 슬픔 Sadness

5. 수용 Acceptance

6. 문제 해결 Problem Solving

퀴블러 로스 모델이 타당한지, 실제로 이 단계를 모두 거치는지에 대해서는 논쟁의 여지가 있다. 이는 충분히 온당한 비판이며, 실제로 나 역시 이 견해에 동의한다. 그럼에도 불구하고, 이 모델은 도전을 위한 출발점이 될 수 있는 유용한 틀이라는 점에서 의미가 있다. 중요한 것은, 실패했을 때 그 실패를 극복해야만 진정으로 실패로부터 배우고 성장할 수 있다는 사실이다.

퀴블러 로스의 모델에서, 우리가 나쁜 소식을 듣거나 중대한 실패를 경험했을 때 가장 먼저 접하게 되는 단계는 '부정'이다. 대부분의 사람들은 눈앞에 놓인 새로운 현실을 받아들이지 못한다. 부정은 원하는 것을 얻지 못한 충격으로 인해 현실을 믿지 않을 때 시작되며, 실패가 미치는 잠재적 영향과 결과를 고려할 때 쉽게 떨쳐버릴 수 있는 감정이 아니다. 더욱이 스스로를 유능하고 옳다고 생각하는 사람일수록, 새로운 것을 거부하거나 부정하려는 충동을 억제하기가 더 어렵다. 이를 극복하기 위해서는 처한 상황의 진실을 직시하고 새로운 현실을 받아들여야 한다.

나의 경험에 비추어 볼 때, 대부분의 사람들은 부정 단계에서 한동안 씨름한 후 일종의 '불안' 단계로 넘어간다. 실패를 인정한다는 것은 예상대로 진행되지 않았음을 받아들인다는 의미이며, 유능한 협상가가 되기 위해서 더 배워야 한다는 점을 자각하는 것이다. 원하는 것을 얻지 못할 것이라는 사실을 깨닫는 순간, 우리는 커다란 불확실성의 중심에 놓이게 된다. 그 결과, 어떤 감정을 느껴야 할지조차 잘 모르는 상태가 된다. 불안은 미래가 명확하게 보이지 않을 때 흔히 느끼는 감정이다.

불안을 느낄 때 마음속 한구석에서 불편한 감정이 자연스럽게 생긴다. 우리는 그 감정을 없애기 위해 확실한 답을 갈망하며, 속으로 "'예'든 '아니요'든 뭐라도 말해 줘!"라고 외친다. 불확실한 상태에 머무르고 싶어 하지 않기 때문에 찬성이든 반대든 답을 얻을 때까지 깊은 불안감에 시달린다. 불확실성에 대해서는 이 책의 후반부에서 다시 다룰 예정이다.

불안은 '분노'로 이어질 수 있는데, 이는 좌절에서 비롯된 감정이다. 지금 처한 상황에서 무엇을 해야 할지 모르는 막

막함이 분노 형태로 표출되는 것이다. 실패했을 때 분노를 느끼는 것은 아주 자연스러운 반응이다. 원하는 것을 얻지 못했기 때문이다. 분노가 치밀어 오를 때는 잠시 물러서서 그러한 감정이 생긴 이유를 곰곰이 생각해 볼 필요가 있다. 이성적으로는 "그냥 넘어가자."고 생각할 수 있지만, 감정적인 자아는 그 일이 정리되기 전까지는 쉽게 넘어가지 않는다. 화가 난 이유가 무엇인가? 목표를 이루지 못했기 때문인가, 아니면 평판이나 정체성의 다른 부분이 손상되었기 때문인가? 이유가 무엇이든, 원인을 파악하고 감정을 해소해야 한다. 그 과정을 마쳤을 때, 비로소 다음의 단계로 넘어갈 준비가 된 것이다.

'슬픔'은 목표나 목적을 달성할 수 없다는 것을 인식했을 때 찾아오는 감정이다. 슬픔이 겉으로 표현되었든 그렇지 않든, 슬픔은 그 상황에 대해 어느 정도 받아들이고 있다는 것을 나타내며 앞으로 나아가기 위해서는 반드시 거쳐야 하는 감정이다.

슬픔이 막바지에 도달했을 때, 현실을 '수용'하고 '문제 해결'을 위한 방법을 찾기 위해 노력한다. 그 해결책은 협상을 재개하려고 애쓰거나, 협상을 재개할 수 없는 경우 앞으로 무엇을 해야 할지 고민하거나, 협상가로서 성장해야 할 필요성을 인식하고 개선해야 할 점을 찾는 것일 수 있다. 또한, 최소한 일부 목표라도 달성하기 위해 창의적인 방법을 모색해야 할 수도 있다.

내가 수년간 관찰한 바에 의하면, 흥미롭게도 사람들은 각자의 방식으로 이 과정을 수행한다. 어떤 사람은 단계를 빠르게 진행하는 반면, 다른 사람은 천천히 진행한다. 특정 단계를 건너뛰고 바로 다른 단계로 넘어가는 사람도 있다. 예를 들어, 어떤 이는 부정에서 시작해 불안으로 넘어간 다음 곧바로 문제 해결로 넘어가지만, 다른 이는 슬픔으로 넘어가다가 문제 해결에 이르지 못하고 거기서 멈추기도 한다. 즉, 어떤 단계가 누구에게는 필수적이지만, 다른 누구에게는 그렇지 않을 수도 있다는 말이다.

슬픔을 연구하는 일부 학자들은 퀴블러 로스의 모델이 지나치게 단정적이고 개인차를 충분히 설명하지 못한다고 지적한다. 예를 들어, 케네스 도카Kenneth Doka와 테리 마틴Terry Martin은 저서 『성별을 넘어 슬퍼하기: 남성과 여성의 슬퍼하는 방식 이해하기Grieving Beyond Gender: Understanding the Ways Men and Women Mourn』에서 슬픔은 개인에게 고유하며 성격과 문화적 배경 등 변수가 많은 복잡한 과정이라고 주장한다. 그들은 적응적 슬픔 모델Adaptive Grief Model은 슬퍼하는 방식에도 영속성이 있다는 점을 강조한다. 공통된 인간성 외에 개성과 문화적 맥락이 중요한 역할을 한다는 사실을 부인하기 어렵다. 따라서, 앞에서 설명한 슬픔의 단계적 과정을 염두에 두고 개인의 경험에 맞게 유연하게 적용하는 것이 바람직하다.

슬픔에 대해 설명하기 위해, 특히 퀴블러 로스의 모델을 기반으로 도카와 마틴이 제안한 개인화된 슬픔의 방식과 관련하여 내 동료 스테이시의 이야기를 나누고자 한다.

스테이시는 고용 협상에 실패한 뒤 나에게 도움을 청했다. 처음 대화를 나눴을 때는 퀴블러 로스의 모델을 염두에 두고 있었다. 하지만 스테이시의 반응은 모델과는 달랐다. 처음에 스테이시는 협상에 실패했다는 사실뿐만 아니라 그토록 원했던 자리를 얻지 못한 현실조차 인정하지 않고 있었다. '부정'의 단계에 있었고, 그 감정을 처리하는 데 꽤 오랜 시간이 걸렸다. 그러다가 스테이시는 갑작스럽게 '불안'을 느끼기 시작했다. 일자리를 얻지 못하게 되면서, 그 일과 연결되어 있던 것들이 한꺼번에 무너지는 것처럼 느껴졌던 것이다. 나는 스테이시의 상황에 충분히 공감할 수 있었지만, 그 시점에서 내가 할 수 있는 일은 이야기를 들어주는 것뿐이었다. 문제를 함께 해결하고 앞으로 나아갈 방향을 모색하기에는 너무 이르다고 판단했기 때문이다.

스테이시의 이야기를 계속 들어보니, 스테이시는 불안의 영역에 갇혀 있는 것이 분명했다. 스테이시는 여러 가지 문제를 두고 어떻게 해야 할지, 그것이 향후 계획에 어떤 영향을 미칠지 확신하지 못한 채 갈팡질팡하고 있었다. 나는 스테이시가 조급해 하지 않도록 인내심을 갖고 기다렸다. 동일한 상황이었다면 다르게 대처할 수 있을 것 같았지만, 내 생각을 강요하고 싶은 충동을 꾹 참았다.

일주일이 지난 후, 스테이시는 전화를 걸어와 감당할 수 없을 정도로 울기 시작했다. 마침내 '슬픔'의 단계에 들어섰고 자신에게 일어난 일을 인정하며 깊은 상실감에 빠진 것이다. 나는 스테이시를 위로하려고 노력했지만 소용없어 보였고, 나중에 대화하고 싶으면 언제든 연락하라고만 전했다. 그로부터 일주일 후, 스테이시로부터 진로에 대해 이야기를 나눌 수 있는지 요청하는 문자를 받았다. 이제는 현실을 받아들였고, 문제 해결을 향해 나아갈 준비가 된 것이다.

이 사례는 도카와 마틴이 언급한 내용과 관련하여, 중요

그림 4-1. 실패할 때 느끼는 감정의 곡선

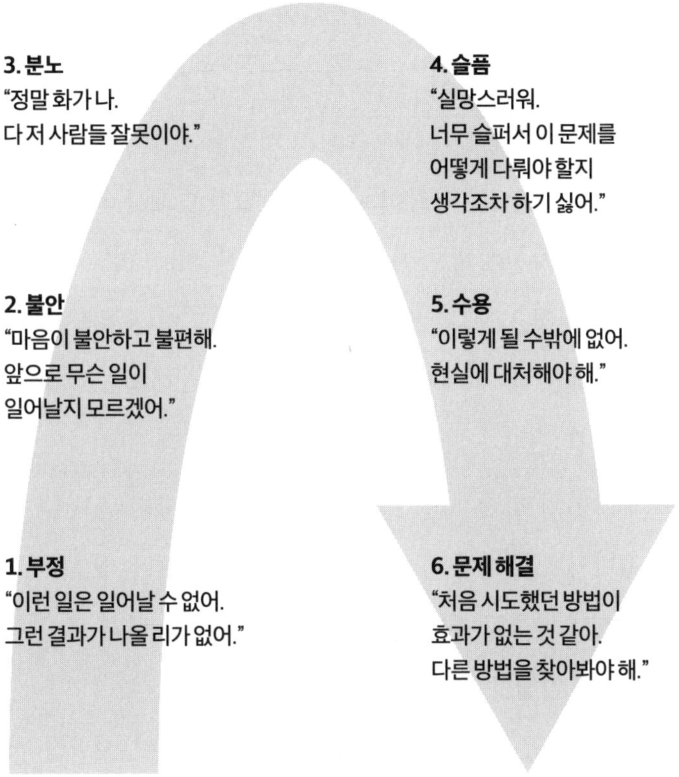

3. 분노
"정말 화가 나.
다 저 사람들 잘못이야."

4. 슬픔
"실망스러워.
너무 슬퍼서 이 문제를
어떻게 다뤄야 할지
생각조차 하기 싫어."

2. 불안
"마음이 불안하고 불편해.
앞으로 무슨 일이
일어날지 모르겠어."

5. 수용
"이렇게 될 수밖에 없어.
현실에 대처해야 해."

1. 부정
"이런 일은 일어날 수 없어.
그런 결과가 나올 리가 없어."

6. 문제 해결
"처음 시도했던 방법이
효과가 없는 것 같아.
다른 방법을 찾아봐야 해."

나는 지금, 감정의 곡선에서 어디쯤에 있을까?
내면의 대화에 귀 기울여 보자.

한 두 가지 시사점이 있다. 첫 번째는 스테이시가 '분노'의 단계에 도달하지 않았다는 점이다. 그녀는 목표를 달성하지 못한 것에 대한 실망감을 극복하기 위해 분노를 느끼는 유형의 사람이 아니었다. 스테이시에게는 슬픔이 가장 중요한 감정이었으며, 슬픔은 카타르시스 역할을 했을 것으로 보인다. 이 사례는 모든 사람이 반드시 동일한 단계를 거칠 필요는 없으며 자신에게 자연스럽게 느껴지는 방식으로 행동하면 된다는 것을 보여 준다. 두 번째는 '속도'이다. 나는 문제에 직면했을 때, 문제를 해결하고 나서 바로 다음 도전 과제로 넘어갈 준비가 되어 있는 유형의 사람이다. 그러나 스테이시는 나와 다른 사고방식의 소유자였다. 그녀는 다음 단계로 나아가기 전에 더 많은 과정을 거쳐야 했다. 상실을 경험하는 데 남들보다 더 많은 시간이 필요했고, 나는 그 역학 관계를 존중해야 했다.

그림 4-1은 이러한 감정의 곡선을 보여 준다. 실패를 처리할 때 자신이 이 곡선의 어느 지점에 있는지 주시하는 것이 중요하다. 그러기 위해서는 내면의 대화에 귀를 기울여야 한다.

이 모델을 소개하는 이유는 실패를 받아들이는 과정에서

개인 특성을 고려하여 그에 적합한 방식으로 접근하는 것이 중요하다는 점을 강조하기 위함이다. 사람마다 슬픔을 겪고 회복하는 방식이 다르기 때문에, 개인의 고유한 성향에 맞춰 이 과정을 거쳐야 한다.

협상가는 자신의 슬픔을 관리하기 위해 몇 가지 과정을 거쳐야 하는데, 그 과정의 구체적인 단계나 기간은 개인별로 다를 수 있다. 하지만 그러한 과정을 거치지 않고서는 자신의 실패를 온전히 인정할 수 없고, 실패로부터 진정으로 배울 수 없으며, 다음 단계로 나아갈 수도 없다.

다시 한번 강조하지만, 충분히 슬퍼하지 못하면 어떤 식으로든 더 이상 앞으로 나아갈 수 없다. 꽉 막혀 물이 통과하지 못하는 싱크대를 떠올려 보라. 막힌 부분이 뚫리지 않으면 물이 흐를 수 없다. 어떤 사람들에게는 이 과정이 다른 사람들에 비해 수월할 수 있다. 그 이유는 슬픔을 인식하는 방식이 개인마다 다르기 때문이다.

나는 수년 동안 비영리 단체의 운영을 돕는 일을 해 왔다. 비영리 단체는 개인이나 재단으로부터 자금을 모금해야 하는데, 이는 결코 쉬운 일이 아니다. 특히, 내가 몸담았던 비영리 단체는 일반적인 범주에 속하지 않는 독특한 사명을 가진 조직이었다. 그래서 자금 요청에 대한 협상이 더욱더 어려웠다.

나는 우리 조직을 지원하기에 가장 적합하다고 생각한 재단과 협상을 준비하면서 많은 조사를 했고, 그들과 대화할 수 있는 독특한 접근 방식을 찾았다고 생각했다. 협상 과정에서 다양한 옵션을 제시했지만, 나의 제안이 제대로 전달되지 않고 있다는 느낌을 받았다. 결국, 그들은 우리가 그들의 미션에 부합하지 않다고 생각했고, 우리는 자금을 지원받지 못했다. 나는 크게 좌절하고 실망했지만, 제대로 슬퍼하지 않았다. 오히려 곧바로 감정을 억누르고 다음 협상에 임했다.

많은 사람들이 나를 믿고 있다는 것을 알았기에 필요한 자금을 반드시 모금해야겠다고 다짐했지만, 그와 동시에 내가 느낀 실망감으로부터 도망치고 싶기도 했다. 그래서 자존심에 생긴 상처가 아물 시간을 충분히 주지 않았다. 다음 협상에서 성공할 수만 있다면, 문제가 나에게 있는 것이 아니라 창의적인 접근 방식을 이해하지 못하고 비합리적인 상대방에게 있었다는 것을 입증할 수 있다고 믿었다. 다시 말해, 나의 행동을 합리화하고 있었던 것이다. 하지만 앞선 실패에서 비롯된 실망감을 제대로 받아들이지 않았기 때문에 자금 확보에 대한 불안감은 의도치 않게 다음 협상까지 이어졌다. 말할 필요도 없이, 그 협상 역시 잘 풀리지 않았다. 아마도 상대방에게 너무 절박해 보였기 때문이었을 것이다. 프로젝트 기금 모금을 위한 협상 방식으로는 결코 좋은 방법이 아니었다.

두 번째 협상을 진행한 후, 나는 가까운 동료의 조언에 자극을 받고 다른 재단과의 협상에 들어가기 전에 몇 주간 숙고하는 시간을 가졌다. 이번에는 상처를 치유하고, 내가 겪은 실패를 진정으로 극복하는 데 집중했다. 그동안 일어난 일에 대해 속상해하는 감정을 스스로에게 허락했고, 무슨 일이 일어났는지 그리고 어떤 다른 행동을 할 수 있었는지에 대해 동료와 함께 이야기했다. 그렇게 하고 나니, 이전의 행동에 얽매이지 않고 다음 단계로 넘어갈 수 있다는 것을 알게 되었다. 몇 주 뒤, 다른 재단과의 협상은 이전과 전혀 다르게 진행되었고, 마침내 필요한 자금을 확보할 수 있었다. 그 성공이 이전 실패에 대해 충분히 슬퍼하고 적절히 대처하는 시간을 가졌기에 가능했다고 생각한다.

그런데 우리는 실제로 실패를 어떻게 받아들일까? 실패

는 어떤 의미일까? 실패를 수용하는 것은 좋든 나쁘든 현재를 있는 그대로 받아들이는 것을 의미하며, 이는 미래를 만들어 가기 위한 기반이 된다. 자신이 경험한 실패를 진정으로 받아들일 때, 다음 단계로 나아갈 준비가 되었다고 할 수 있다. 이를 위해서는 협상을 정밀하게 분석하고 이해하는 과정이 반드시 필요하다.

5장

2단계:
분석하기

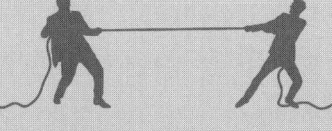

실수에서 아무것도 배우지 못하는 것,
그것이 진정한 잘못이다.

—헨리 포드 Henry Ford

한 노신사가 술집에서 몇 시간 동안 술을 마시고 무척 취해 있었다. 술집을 나선 노인은 열쇠를 찾으려고 주머니를 뒤졌지만 열쇠는 없었다. 노인은 열쇠를 잃어버렸다는 사실을 알아차리고는 미친 듯이 이 골목 저 골목을 돌아다니며 가로등 아래 쓰레기통을 들어 올리고 차 아래를 살피면서 부산하게 열쇠를 찾았다. 마침 그때 두 명의 젊은이가 그곳을 지나가다가 뭔가를 열심히 찾고 있는 노인을 발견하고, 그중 한 명이 노인에게 물었다. "어르신, 뭐 하세요? 뭘 잃어버리셨어요?" 얼굴의 반은 가로등 불빛에 비치고 나머지 절반은 그림자에 가려진 채, 노인은 고개를 들고 술에 취한 상태에서 소리쳤다. "그렇다네, 열쇠를 잃어버렸어! 이 근처

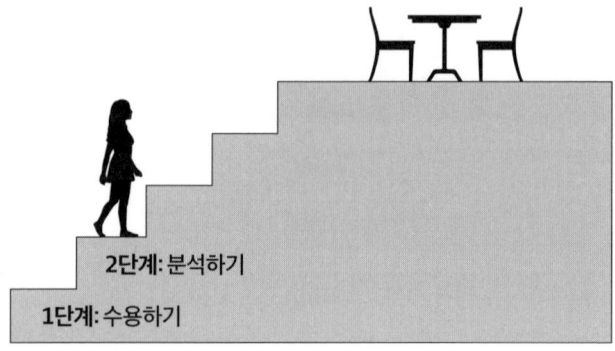

어딘가에 있을 거야!" 이번에는 다른 젊은이가 말했다. "아, 저희가 도와드릴게요. 어디쯤에서 잃어버린 것 같으세요?" 노인은 잠시 생각하더니 주름진 검지를 들어 어두운 골목 끝쪽을 가리켰다. "아마 저쪽 어딘가에 있을 거야." 이렇게 말한 후 다시 고개를 숙이고 계속 열쇠를 찾았다. 두 젊은이는 어색한 미소를 지으며 서로를 쳐다보다가 다시 노인에게 물었다. "어르신 죄송한데, 저희가 좀 헷갈립니다. (골목을 가리키며) 저쪽에서 열쇠를 잃어버렸다고 하셨잖아요. 그런데 왜 이쪽에서 찾고 계신 거죠?" 그러자 노인이 하던 일을 멈추고 말했다. "그거야 당연하지. 여기가 훨씬 밝잖아!"

처음 이 이야기를 들었을 때는 너무 황당무계해서 웃어넘겼다. 하지만 이후 수년간 리더십, 협상, 갈등 해소와 관련된 일을 하면서 현실에서도 이런 상황이 자주 벌어진다는 것을 깨달았다. 어떤 일이 예상한 대로 진행되지 않을 때, 문제가 있는 곳(어두운 곳)이 아닌 편안한 곳(밝은 곳)에서 해답을 찾는 경향이 있다. 이 말이 무엇을 의미하는지, 한 가지 사례를 살펴보자.

나는 협상 관련 일을 하면서, 여러 엔지니어링 회사와 함께 일할 기회가 많았다. 엔지니어들은 일반적으로 공학 관련 문제에서는 매우 똑똑하고 유능하며, 효과적인 문제 해결사들이다. 그들은 특히 데이터 중심의 환경을 익숙하고 편안하게 느끼는 경향이 있다. 그런데 바로 그 점이 문제의 원인이 되곤 한다.

예를 들어, 까다로운 프로젝트 관리자와 협상할 때도 엔지니어들은 문제의 원인이 항상 데이터에 있는 것처럼 생각한다. 하지만 실제로는 그렇지 않을 때가 많다. 진짜 문제는 근본적인 상호 관계나 상대방과의 충족되지 않은 이해관계 등 다른 곳에 존재한다. 하지만 엔지니어들은 문제의 원인을 자신들에게 익숙한 데이터에서 찾으려고 한다. 그렇게 하다 보면 문제의 본질에서 벗어난 곳에 초점을 맞추게 되고, 문제를 해결하지 못한다.

다시 말하면, 그들은 빛이 비추는 곳에 머물고 싶어 한다. 나의 역할은 그들을 어둠 속으로 끌어내어 열쇠를 찾고 문제를 해결할 수 있도록 돕는 것이다. 처음에 그들은 마지못해 따라오지만, 얼마 지나지 않아 문제가 실제로 어디에 있는지에 집중하는 것의 가치를 깨닫게 된다.

실패의 원인을 제대로 파악하려면, 무슨 일이 일어났는지를 정확히 분석할 시간이 필요하다. 이 분석은 두 가지 수준에서 이루어져야 하는데, 나는 이를 '숲Forest'과 '나무Tree'라고 부른다. 숲은 문제에 대한 전체적인 그림으로, 폭넓은 통찰력으로 문제를 총체적으로 바라볼 수 있도록 도와준다. 반면, 나무는 세부적인 요소들로, 무엇이 중요한지 파악하고 그것을 다른 곳에 적용할 수 있도록 도와준다. 이렇게 철저히 분석하지 않으면 협상에 대해 제대로 이해할 수 없다. 이 단계는 협상이 끝난 직후에 수행하는 것이 중요하다. 이 시점에서 가장 정확하게 기억할 수 있으며, 시간이 흐를수록 기억이 왜곡될 가능성이 커지기 때문이다.

이번 장에서는 협상을 분석하는 데 도움이 되는 일련의 핵심 질문을 함께 살펴볼 것이다. 우선 '숲'의 관점에서 협상을 전체적으로 살펴본 다음, 좀 더 세분화하여 '나무'의 관점에서 결정적인 순간 및 구체적인 움직임과 전환점을 식별하는 과정에 대해 알아볼 것이다. 그리고 나서, 이러한 면밀한 분석 과정이 실제로 어떻게 작동하는지 보여 주는 협상 사례도 소개할 것이다.

숲 질문

한 발짝 물러서서 전체적인 관점에서 살펴보자. 먼저 1장에서 알아본 실패의 유형에 대해 생각해 보자. 실패한 협상이 어떤 범주에 속하는지, 그리고 왜 그렇게 판단하는지를 명확히 이해하는 것이 중요하다. 협상이 실패하게 된 주된 원인을 신중하게 파악할 시간을 갖고, 자신이 밝은 곳만 보고 있지 않은지 확인한다.

예를 들어, 시간 압박으로 인해 어떤 합의를 했는데 그것이 실패한 협상으로 판명되었다면, 이는 '합의에 도달했지만 궁극적인 목표를 달성하지 못한 경우'의 실패일 수 있다. 아니면, 향후에도 상대방과 지속적으로 관계를 유지해 나가야 하는 상황에서 양측의 관계를 해칠 수 있는 합의에 도달했다면, '합의에 도달했지만 관계가 손상된 경우'의 실패일 수 있다.

분석적인 관점에서 볼 때, 여러 실패의 유형 중 하나로 좁히는 것이 중요하다. 물론, 다른 유형의 실패가 상황을 악화시키는 역할을 했을 수도 있다. 하지만 이 분석의 목적상, 실패의 원인을 하나의 주된 범주로 좁히는 것이 효과적이다.

다음으로, 실패의 심각성을 생각해 보자. 이번 실패는 일시적 좌절(2단계 실패)에 불과한 수준으로, 문제를 해결하고 협상을 재개할 여지가 있는가? 혹은, 좀 더 심각한 결렬(3단계 실패) 수준으로, 양 당사자의 평판이 손상되고 협상 과정을 재개할 수 있을지 불투명한 상황인가? 아니면, 더 심각하고 파국적인 수준(4단계 실패)으로, 회복이 어려운 손실이 발생해서 협상 재개가 명백히 불가능한 상황인가?

나무 질문

실패한 협상에 대해 폭넓게 평가한 후에는 세부적인 분석이 필요하다. 이때 유용한 두 가지 협상 개념이 있는데, 바로

'결정적 순간Critical Moments'과 '움직임 및 전환Moves and Turns'이다.

2002년 하버드 로스쿨의 협상 프로그램에서 주최한 학술대회에서 마이클 휠러Michael Wheeler 교수는 결정적 순간을 '협상에서 중요한 변화가 발생하는 시점'이라고 설명했다. 그는 이 순간들을 '초기 움직임Opening moves, 전환점Turning points, 임계점Tipping points'이라고 표현하며, 이것들은 긍정적인 영향을 미칠 수도 있고 그렇지 않을 수도 있다고 말했다. 이러한 결정적 순간들은 협상 과정에서 발생하는 중대한 사건이나 가벼운 상호작용을 통해 거시적이거나 미시적으로 나타난다. 다음은 거시적인 결정적 순간의 사례다.

헤더는 영업 담당 책임자로서, 새로운 잠재 고객사 직원인 에인슬리와의 관계를 구축하기 위해 열심히 노력해 왔다. 두 사람의 거래가 거의 성사될 즈음, 에인슬리가 헤더에게 전화를 걸어 왔다. "헤더, 정말 죄송해요. 저 방금 회사에서 해고를 당했어요." 에인슬리의 목소리에는 슬픔과 분노가 섞여 있었다. "경영진이 바뀌면서 조직을 재정비하고 있어요. 임원들이 자신과 가까운 사람들을 회사에 데려오려는 것 같아요."

헤더는 위로의 말을 건넸다. "에인슬리, 정말 유감이에요.

그래도 꼭 잘 되길 바라겠습니다." 에인슬리는 낙담한 목소리로 말했다. "고맙습니다. 저의 업무를 인수하는 사람에게 거래 관련 정보 잘 전달하겠습니다."

일주일 후, 헤더는 제이슨이라는 사람으로부터 전화를 받았다. 그는 자신을 이렇게 소개했다. "헤더 씨, 저는 제이슨입니다. 제가 에인슬리가 진행하던 협상 업무를 인수하게 되었습니다. 헤더 씨에게 연락해서 중단된 부분부터 협상을 이어가라고 전달받았습니다."

여전히 아쉬움에서 벗어나지 못한 헤더는 대답했다. "안녕하세요. 제이슨 씨, 만나서 반갑습니다. 에인슬리의 일은 정말 유감입니다. 에인슬리와 저는 저희의 협상을 성공시키기 위해 잘 협력하면서 거래의 변수도 원만하게 조율하고 있었습니다. 에인슬리가 진행 상황에 대해 잘 전달했을 거라 생각합니다."

제이슨이 대답했다. "네, 그런 게 인생이겠죠. 그리고 두 분이 진행 중이던 거래에 말씀드리면, 그건 폐기해야 할 것 같습니다. 우리 쪽에 전혀 이익이 되지 않습니다. 솔직히 말하면, 에인슬리가 무슨 생각을 했는지 모르겠습니다. 우리 입장에서는 끔찍한 조건입니다. 어쨌든 양측 모두에게 더 유리한 수정안을 준비해 보겠습니다. 검토하신 후 연락 주십시오." 그는 이렇게 말하고 전화를 끊었다.

헤더는 너무나 큰 충격을 받았다. 제이슨은 에인슬리의 해고에 대해 무신경했을 뿐 아니라, 그동안 두 사람이 열심히 준비해 온 협상안을 폐기했기 때문이다. 헤더가 거래를 성사시키기 위해 필요하다고 여긴 것을 전혀 고려하지 않았다. 제이슨은 헤더와 협상하고 싶은 의지가 없어 보였으며, 무엇이 중요한지 전혀 생각하지 않고 자신의 입장에서 작성한 제안서만 일방적으로 보내려고 했다.

이틀 후, 제이슨의 제안서가 도착했다. 열어 보니 예상대로 마음에 들지 않았다. 제안서 내용을 읽고 나니 더 큰 좌절감이 몰려왔다. 제이슨과 연락하고 싶지 않은 상태에 이르렀을 때 전화벨이 울렸다. 제이슨의 전화였다. "안녕하세요. 헤더 씨, 제이슨입니다. 제가 보낸 수정안 받으셨나요? 연락이 없으셔서요. 그 제안을 어떻게 생각하시는지 궁금합니다."

헤더는 숨을 깊게 들이마셨다. "제이슨 씨, 이 제안은 저희 측에 적합하지 않은 것 같습니다. 양측의 입장 차이가 너무 클 뿐만 아니라, 이 수치의 근거는 무엇인지, 그리고 이 수치가 우리에게도 공정하거나 어느 정도 합리적이라고 생각하시는지 잘 모르겠습니다. 이에 대해 설명을 해 주시겠어요?"

"아니요, 설명하지 않겠습니다." 제이슨이 퉁명스럽게 대답했다. "저희 회사의 마지막이자 최선의 제안입니다. 내일까지 답변 주시기 바랍니다." 그러고는 전화를 끊었다.

'정말 기가 막히네.' 헤더는 속으로 생각했다. 곧바로 이메일을 열고 제이슨에게 보낼 메시지를 작성했다. "이 협상을 여기서 종료하겠습니다. 당신이 협상에 참여한 이후, 저와 에인슬리가 공들여 만든 것을 완전히 무시하는 듯한 태도는 너무나 모욕적으로 느껴졌습니다. 그리고 제안한 내용에 대한 설명 요청을 거절한 이후, 앞으로 함께 일하는 것이 저와 회사에 전혀 도움이 되지 않을 것이라는 생각이 들었습니다. 감사합니다." 그렇게 협상은 불쾌한 상황에서 끝이 났다.

이 사례에서 우리는 거시적인 결정적 순간이 에인슬리의 퇴사와 제이슨의 업무 인수라는 것을 알 수 있다. 이 변화가 협상의 역학 관계와 흐름을 완전히 바꾸어 놓았다. 이것은 거시적인 결정적 순간에 문제가 발생한, 비교적 전형적인 사례라고 할 수 있다.

한편, 이번에 소개할 사례에서는 다른 거시적 결정적 순간들처럼 뚜렷하게 구분되는 전환점이 나타나지 않으며, 변화의 양상이 미묘하게 나타난다.

부동산 중개업자인 알렉스는 조셉과 줄리 부부가 새집을 구하는 것을 도와주고 있었다. 부부는 여러 집을 둘러보고 실제로 몇 건의 매매 제안도 받았지만, 번번이 마지막 순간에 마음을 바꾸는 바람에 거래가 성사되지 않았다. 알렉스는 성과 없는 협상 결과에 좌절감을 느끼기 시작했고 집을 팔아야 한다는 압박감 때문에 점점 불안감에 휩싸였다. 알렉스는 불안감을 감추기 위해 최선을 다했지만, 결국 그 감정은 다른 방식으로 표출되었다.

알렉스가 최근에 보여 준 집은 부부가 이전에 말한 조건에 비추어 볼 때 그들에게 완벽하게 들어맞아 보였다. 부부가 마음에 들어 하지 않을 요소가 거의 없었다. 하지만 집의 상태를 최종적으로 점검할 때, 몇 가지 문제들이 발견되었다. 처음에 부부는 그 집을 구매하겠다는 의사를 밝혔지만, 발견된 문제들로 인해 다소 망설이는 기색을 보였다. 알렉스는 주택 점검 보고서에 기재된 항목에 대해 이야기를 나누면서 두 사람에게 이렇게 말했다. "중대한 결정이라는 것은 압니다. 하지만 두 분이 지금까지 본 많은 집 중에 이 집을 가장 마음에 들어 하셨던 것 같아요. 제 생각에는 문제들을 해결하기 위해 너무 강한 조건을 제시하기보다는, 상황에 맞게 적당히 조정하는 게 좋을 듯합니다. 지금은 판매자 우위 시장이기 때문에, 너무 까다롭게 집을 고르면 집을 놓칠 수도 있습니다." 조셉과 줄리는 알렉스의 말을 듣고 약간 불편한 기색을 보였고, 하룻밤 더 자고 다음 날 아침에 답을 주겠다고 말했다.

다음 날 아침, 조셉은 알렉스에게 전화를 걸어 이렇게 말했다. "그 집을 구매하지 않기로 했습니다. 그리고 이제부터는 우리를 재촉하지 않는 다른 부동산 중개업자를 알아보려고 합니다." 알렉스는 충격을 받았다. 알렉스는 화가 나서 자신이 어떻게 재촉했는지 물었고, 얼마나 오랫동안 인내심을 갖고 그들을 대했는지 일일이 열거했다.

알렉스는 짜증이 난 듯 이렇게 말했다. "두 분이 결정을 내리지 못했잖아요." 알렉스의 말이 끝나자마자 조셉이 말했다. "바로 그것 때문입니다!" 그러고는 곧바로 전화를 끊었다.

무슨 일이 일어난 걸까? 그리고 결정적 순간은 무엇이었을까?

구매자와 중개업자 간의 협상에서 결정적 순간은 소위 '의도와 영향력 문제intent and impact problem'였다. 알렉스는 이 문제의 집을 보여 주는 과정에서 두 가지 결정적 상황에 직면했다. 첫째, 부부의 요구를 경청하기보다는 집을 팔려는 의욕이 강했다. 둘째, 조셉이 압박감을 느낀다고 말하자, 알렉스는 두 사람이 결정을 내리지 못했다고 맞받아친 것이다. 긍정적인 의도에서 자신의 입장을 대변하기 위해 한 말이지만, 이는 오히려 조셉에게 알렉스는 정말로 집 매매에만 관심이 있고 부부의 행복에는 관심이 없다는 것을 확신하게 만들었다. 그래서 부부는 압박을 가하지 않는 다른 부동산 중개업자를 찾기로 결정한 것이다.

또 다른 유형의 결정적 순간은 미시적인 것으로, 이것은 주로 더 큰 협상 과정 속에 포함된 작은 사건이나 당사자 간의 교류 속에 숨겨져 있다. 사소해 보일 수 있지만, 협상이 실패한 이유를 이해하는 데 필수적이다.

데보라 콜브Deborah Kolb와 주디스 윌리엄스Judith Williams는 저서『그림자 협상The Shadow Negotiation』에서 이를 협상 당사자들이 취하는 '움직임Moves' 및 '전환Turns'이라고 부른다. 이것들은 협상에 다양한 방식으로 영향을 미칠 수 있다. 때로는 단 한 차례의 의견 교환이나 일련의 작은 상호작용만으로도 협상 결렬이라는 결과를 초래할 수도 있다.

협상에서는 상대 협상가의 발언에 대응하거나 제안하기 위해 사용하는 다양한 유형의 움직임 및 전환이 존재한다. 여기에는 구성Framing, 재구성Reframing, 전환Diverting, 중단Interrupting, 작명Naming 등이 포함된다. 다음은 각 개념에 대한 개요이며, 이 개념들을 인식할 수 있도록 스스로 훈련하는 것이 중요하다.

• **구성**

구성 움직임Framing move은 협상에서 주도권을 잡기 위해 선제적으로 행동하고 대화를 구체화하려는 시도다. 이러한 움직임은 단순히 의제를 설정하는 것에 그치지 않고, 상대방이 눈치채지 못하는 방식으로 이루어지는 경우가 많다.

앞의 사례에서, 첫 번째 결정적 순간은 알렉스가 조셉과 줄리에게 주택 점검 보고서에서 제기된 문제들에 지나치게 집착하지 말라고 말했을 때이다. 시장에 대한 알렉스의 분석이 틀렸다고 할 수 없고 그의 조언이 부부에게 최선이라고 생각했는지 모르지만, 부부는 협상 과정에서 발견된 문제를 등한시한다는 인상을 받았다.

또 다른 예로, 고용주가 예산 부족으로 인해 직원에게 업계 평균 수준의 급여를 지급할 수 없는 상황에서, 낮은 급여로 계약하고 다른 복지 혜택을 강조하면서 이를 정당화하려는 시도도 여기에 해당한다.

구성 움직임은 협상에서 대화를 구성하는 사람이 자신이 원하는 방향으로 틀을 짜고 고정함으로써 자신에게 유리한 조건에서 협상을 시작하려고 할 때 나타난다. 이는 어떻게 실행되는지와 상대방이 그것을 어떻게 인식했는지에 따라, 협상을 성공 혹은 실패로 이끌 수 있는 강력한 힘을 가지고 있다.

협상 실패의 원인을 분석할 때, 다음과 같은 질문을 스스로에게 던져 보라.

- 협상 초기의 구성 체계는 무엇이었는가?
- 누가 그것을 제안했는가?
- 그것이 협상 전체에 어떤 영향을 미쳤는가?

• **재구성**

재구성 움직임Reframing move은 상대방이 설정한 구성 움직임이나 주장에 문제를 제기하고, 다른 관점을 제시하는 것이다. 재구성이 이루어지지 않으면, 초기에 구성된 방식으로 협상이 진행된다.

앞에서 언급한 것처럼, 고용주가 업계의 합리적인 수준보다 낮은 제안으로 연봉 협상을 시작하려는 상황을 생각해 보자. 여기서 그는 구성 움직임을 짜고 상대방이 눈치채지 못하기를 기대하고 있다. 이러한 구성 전략에 대응하는 재구성 움직임은 이렇게 표현될 수 있다. "제가 업계 표준에 대해 조사한 결과, 이 직책에 대한 제시한 연봉 6만 달러는 매우 낮은 수준입니다. 업계 평균 연봉은 9만 달러입니다. 어떻게 평균 연봉의 3분의 2에 해당하는 금액을 제시하게 되었는지 설명해 주시겠습니까?"

재구성 움직임은 상대 협상가가 만든 구성 체계에 이의를 제기하는 것이다. 당연히 협상 과정에서 긴장을 유발할 수 있고, 경우에 따라 협상이 난항을 겪거나 실패로 이어질 수도 있다.

아래 질문을 통해 분석해 보라.

- 재구성 움직임을 시도했는가?
- 그렇다면 재구성 움직임이 실패의 원인이 되었는가?
- 재구성 움직임이 협상 전체에 어떤 영향을 미쳤는가?
- 아니면 재구성 움직임을 시도할 수 있었지만, 기회를 놓쳐서 실패하게 된 것은 아닌가?

· 전환

전환 움직임 Diverting move 은 문제의 본질에 집중하도록 대화의 방향을 바꿈으로써, 대화를 객관화하려는 시도다.

앞에서 언급한 연봉 협상 상황을 다시 떠올려 보자. 상대방의 부당한 제안에 직접 이의를 제기하여 재구성을 시도하기보다는 자신의 역량과 직무에 가져올 수 있는 가치를 강조하는 방향으로 협상의 흐름을 바꿀 수 있다. 그렇게 하면, 감정적인 방식으로 흘러가는 난처한 상황을 피할 수 있다.

전환 움직임은 여러 가지 측면에서 도움이 될 수 있지만, 다른 쟁점에 얽매여 버리거나 현재 협상에서 해결해야 할 문제를 놓치는 결과를 초래할 수도 있다. 이는 결국 협상에서 더 큰 실패로 이어질 수도 있다.

아래 질문을 통해 분석해 보라.

- 전환 움직임을 시도했는가?
- 그렇다면 전환 움직임은 협상 전체에 어떤 영향을 미쳤는가?
- 만약 그때 전환 움직임을 시도했다면 실패를 피하는 데 도움이 되었는가?

· **중단**

중단 움직임Interrupting move은 새로운 시각을 확보하기 위한 전략이다. 잠시 휴식을 취하거나 다음 날 다시 협상을 진행하는 것이, 비생산적인 흐름을 바꾸고 역동성을 부여함으로써 협상을 재정비하는 데 도움이 될 수 있다.

예를 들면, 다음 행동을 결정하기 위해 잠시 커피를 마시는 시간을 가질 수 있다. 이러한 휴식은 협상에서 지극히 합리적인 수단일 수 있지만 경우에 따라 미시적으로 결정적 순간이 될 수 있기 때문에, 다양한 의미로 해석될 수 있다는 점을 분명히 알아야 한다.

또 다른 예를 들면, 영업 협상에서 이러한 움직임을 시도한다면, 의도와 다르게 받아들여질 가능성이 높다. 수년간 영업에 종사해 온 한 지인이 이런 말을 했다. "그 자리에서 거래를 성사시키지 못했는데 상대방이 나중에 다시 연락하겠다고 말하면, 대부분 거래가 무산되었다는 것을 의미해. 그래서 나는 단 몇 분이라도 상대방이 문밖으로 나가지 못하게 하기 위해 전력을 다하지."

중단 움직임에 대해서는 다양한 해석이 가능하고 오해나 착오를 불러일으킬 수 있으므로, 가능한 한 그 이유를 분명하게 밝혀야 한다.

아래 질문을 통해 분석해 보라.

- 휴식이 갈등이 고조되는 것을 막는 데 도움이 되었는가?
- 그렇다면 구체적으로 어느 부분에서 도움이 되었는가?
- 반대로 휴식이 부정적인 신호로 해석되어 협상에 더 많은 문제를 야기하지는 않았는가?

• 작명

작명 움직임 Naming move 은 협상 전술이나 전체적인 접근 방식에 명칭을 부여하는 전략이다. 이 움직임은 현재 상황과 상대방이 무엇을 하려고 하는지에 대해 인식하고 있다는 점을 상대방에게 알려 준다.

앞서 언급한 연봉 협상 사례에서는 이렇게 말할 수 있다.

"이 직책에 대한 업계 표준을 조사한 결과, 제안하신 연봉은 상당히 낮은 수준입니다. 이 제안이 합당한 이유에 대한 합리적인 설명이 없는 한, 협상의 여지가 많지 않을 겁니다." 이것은 앞서 설명한 재구성 움직임보다 훨씬 더 직접적인 표현 방식이다.

작명 움직임은 두 가지 영향을 미칠 수 있다. 첫째, 상대 협상가가 하는 일에 대해 잘못된 작명을 하는 경우 추가적인 문제를 일으키거나 문제를 확대할 수 있다. 둘째, 상대방이 무엇을 하고 있는지 이해하고 있다는 것을 알려줌으로써 상대방이 자신의 전략이 효과가 없다는 사실을 깨닫게 하고 방향을 전환하게 만들 수 있다. 이 움직임은 충분한 사고와 분별력이 갖추어졌을 때 행해져야 한다. 그렇지 않으면, 협상이 잘못된 방향으로 흘러갈 수 있다.

이번에도 아래 질문을 통해 분석해 보라.

- 작명 움직임을 사용하여 자신이 현재 무슨 일이 일어나고 있는지 이해하고 있다는 점을 상대방에게 알린 적이 있는가?
- 그렇다면 작명 움직임은 협상 전체에 어떤 영향을 미쳤는가?
- 만약 결과가 부정적이었다면 더 효과적인 방식으로 표현할 수

는 없었는가?

지금까지의 논의가 협상을 진행할 때 결정적인 순간과 중요한 움직임 및 전환을 식별하고, 협상 결과를 이해하는 데 도움이 되었기를 바란다. 협상 담당자가 에인슬리에서 제이슨으로 교체된 거시적인 결정적 순간에, 여러분이라면 협상이 결렬되는 것을 막기 위해 어떻게 대응했겠는가? 또한 낮은 연봉을 제안한 미시적인 결정적 순간에, 어떤 상호작용이 협상을 망치는 요인이었으며, 여러분이라면 그 상황에서 어떤 조치를 취했겠는가?

이러한 유형의 분석은 이론적으로 유용하다. 하지만 이것을 실질적으로 이해하는 가장 좋은 방법은 자신의 협상 실패 사례에 적용해 보는 것이다.

다음의 워크시트(그림 5-1)는 협상 실패의 유형과 심각성을 '숲' 관점에서 조망하는 것부터 시작한다. 그런 다음, 좀 더 세부적인 평가를 통해 '나무' 수준에서 구체적인 요소를 고려하는 단계로 넘어간다. 이 단계에서는 실패의 원인이 된 행동, 협상에 방해가 된 역학 관계, 이후에 알게 된 숨겨진 정보, 다른 협상가의 역할, 앞에서 언급한 거시적·미시적 결정적 순간 등을 점검한다. 이 과정을 통해 무슨 일이 왜 일어났는지, 무엇을 다르게 할 수 있었는지, 그리고 이 시점에서 협상을 회복시킬 수 있는지 여부를 파악할 수 있다.

지금까지 숲과 나무의 관점에서 실패의 원인을 평가할 기회를 가졌으니, 이제는 이를 통해 교훈을 얻고 앞으로 나아가는 것이 중요하다. 그러기 위해서는 너무 뻔한 교훈에 머무르지 않고 분석 내용을 면밀하게 검토하여 그 교훈이 진정으로 타당한지, 그리고 다른 상황에 어떻게 적용할지를 확실하게 이해하는 것이 필요하다. 역학 관계가 달라지면 그 교훈이 유효하지 않을 수 있기 때문이다.

그림 5-1. 협상 분석 워크시트

협상명:

숲 질문
전체적으로 볼 때, 이 협상이 실패한 이유는 무엇인가? 7가지 협상 실패 유형을 떠올려 보라. 그중 어떤 유형이 가장 적합하며, 그 이유는 무엇인가?

실패 수준이 어느 정도인가? 1, 2, 3, 4단계 수준으로 분류한다면, 어느 단계인가? 협상을 되살리기 위해 무엇을 할 수 있을까?

나무 질문
일반적이고 광범위한 질문에서, 구체적이고 세분화된 질문으로 이동한다. 위에서 다룬 각 요소와 함께 아래의 질문을 바탕으로 분석해 보라.

- 실패의 원인은 무엇이며, 다르게 할 수 있었다면 어떻게 했겠는가?

- 실패의 원인인 어떤 역학 관계를 인식하지 못했거나 제대로 처리하지 못했나?

- 협상 초기 단계 또는 진행 과정에서 어떤 숨겨진 정보 때문에 협상이 실패했는가?

- 상대 협상가는 실패한 협상 과정에서 어떤 영향을 미쳤나?

- 협상 실패의 결정적인 순간(거시적) 또는 구체적인 움직임이나 전환(미시적)을 정확히 찾아낼 수 있었는가?

6장

3단계: 올바른 인사이트 얻기

경험이 최고의 스승이 아니라,
평가된 경험이 진정한 스승이다.

—존 맥스웰John C. Maxwell

앞장에서 다룬 분석 단계는 구체적인 목표를 염두에 두고 고안되었다. 협상가로서 흔히 저지르는 실수 중 하나는 협상 실패 후 그 원인에 대해 충분한 시간을 두고 되돌아보지 않는다는 점이다. 설령 실패를 회고했다고 하더라도, 상황과 역학 관계의 차이로 인해 혹은 2장에서 살펴본 것처럼 무의식적인 편향과 추단으로 인해, 잘못된 교훈을 얻게 되어 새로운 협상에 적용하지 못하는 경우가 많다. 올바른 교훈을 얻지 못하면 근거 없는 안도감에 빠져 향후 협상에서 잘못 적용할 가능성이 높아지고, 결과적으로 처음에 실패의 원인이 되었던 실수를 반복할 위험이 커진다.

협상으로부터 배운 교훈을 적용하고 그것이 올바른 교훈

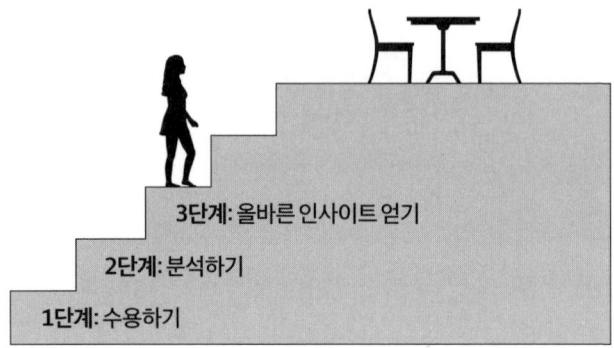

인지 검증하는 일은 결코 간단하지 않다. 캐서린 바톨 교수는 이렇게 말했다. "하나의 협상을 보았다고 해서, 협상을 모두 본 것은 아니다." 바톨의 말은 모든 협상은 동일하지 않고 협상마다 고유한 관점이 있다는 것이다. 하지만 일반적으로 협상에는 많은 유사점이 존재하기 때문에, 세심한 주의를 기울인다면 하나의 협상에서 교훈을 얻어 다른 협상에 효과적으로 적용할 수 있다. 이번 장에서는 이 내용에 대해 중점적으로 설명하고자 한다.

실패한 협상으로부터 얻은 교훈을 전이하는 것은 두 가지 수준에서 이루어진다. 첫 번째는 행동 수준으로, 전술과 기술 형태로 나타난다. 비교적 수월하게 수정과 개선이 가능하다. 두 번째는 협상가의 사고방식과 근본적인 신념의 형태로 나타난다. 이것은 과거에 학습하고 내면화한 것뿐만 아니라, 지금까지 협상을 정의해 온 경험에 의해 형성된 것이다.

2022년, 나는 포춘지Fortune 선정 500대 기업에서 소규모 팀의 협상 준비 과정을 돕는 일을 하고 있었다. 그러던 중 한 점심 식사 자리에서 탈리아라는 사람이 잘 진행되지 않았던 자신의 협상 경험에 대해 이야기했다. 그 경험에서 얻은 교훈을 향후 협상을 준비하는 데 어떻게 활용할 수 있는지에 대해 논의하고 싶어 했다.

탈리아는 자신이 회사를 대표하여 세 명으로 구성된 팀의 일원으로서 잠재 고객과의 협상을 진행했다고 설명했다. 협상의 목적은 고객으로부터 일감을 수주하는 것이었으며, 협상가들은 각기 다른 역할을 맡아 자신의 전문성을 기반으로 협상에 임했다. 팀원 중 한 사람은 영업 전문가, 또 다른 한 사람은 법률 전문가였으며, 탈리아는 해당 분야의 주제 전문가였다.

탈리아는 협상에 들어가기 전에 실시한 사전 회의에서 팀원들의 의견이 일치되었다고 믿었지만, 실제 협상에서는 모든 것이 큰 혼란에 빠졌다고 기억했다. 최종 수용 조건, 허용 가능한 계약 기간, 위험 수준 등 몇 가지 주요 쟁점에 대해 의견이 서로 엇갈렸기 때문이다. 이러한 내부 분열은 팀원들에게 큰 당혹감과 좌절감을 안겨 주었고, 결국 협상 결과에 좋지 않은 영향을 미쳤다.

탈리아는 말을 마치고 나서 자신 있게 말했다. "저는 그때 많은 교훈을 얻어서, 이번 협상에 제대로 적용할 수 있을 것 같아요!" 나는 두 협상의 유사점을 이해할 수 있도록 협상에 대해 좀 더 자세히 설명해 줄 수 있는지 요청했다. 하지만 탈리아의 설명을 들을수록, 두 협상의 성격이 완전히 다르다는 인상을 받았다.

탈리아는 이전 협상에서 배운 교훈을 요약하면서 이를 이번 협상에 어떻게 적용할 것인지 설명했다. 나는 이번 협상이 지닌 독특한 특성을 지적하고 과거의 교훈을 이번 협상에 그대로 적용하는 데는 주의가 필요하다고 조언했다. 탈리아는 다소 혼란스러워하면서도 호기심을 보이는 듯했다. 나는 곧 있을 협상에는 이전 협상에 존재하지 않는 뚜렷하고 중요한 몇 가지 역학 관계가 있다고 말했다. 이는 탈리아가 과거의 경험을 그대로 적용하려고 하면 전술적 실수로 이어질 수 있다는 것을 의미했다.

예를 들어, 두 협상은 참여 인원부터 달랐다. 그리고 이전 협상에서는 탈리아의 팀이 먼저 제안했지만, 이번 협상에서는 그렇게 하는 것이 합리적이지 않은 것처럼 보였다. 또한 이전 협상에서는 양쪽의 힘이 균형을 이루었지만, 이번 협상에서는 그렇지 않았다. 게다가 이전 협상에서는 팀 내에 다양한 협상 스타일이 공존했지만, 앞으로 있을 협상에서는 그런 다양성이 존재하지 않았다.

탈리아는 내가 전하려는 요점을 이해하는 것 같았고 단순한 적용이 왜 위험한지에 대해 공감하기 시작했다. 대화가 끝날 무렵, 탈리아는 자신이 이 협상에 적용하려고 했던 많은 교훈이 실제로는 적용되지 않는다는 것을 깨달았다.

내가 탈리아와 나눴던 대화는 협상 과정에서 실제로 취하는 행위인 전술과 기술에 관한 것이었다. 하지만 협상에서는 그보다 더 깊은 차원인 협상가의 근본적인 사고방식과 신념이 작용하며, 이것 또한 분석하고 배우고 적응할 준비가 되어 있어야 한다.

이를 위해, 정신역동 이론Psychodynamic Theory에 기반을 둔 전이Transference라는 개념을 생각해 볼 필요가 있다. 간단히 말해, 전이는 과거의 사고와 행동 패턴을 활용하여 현재의 경험을 조직하고 의미를 부여하는 것이다. 전이에 대한 인식은 우리가 의식하지 못한 상태에서 마음속에 깊게 자리 잡고 있는 사고방식과 신념을 인지할 수 있도록 도와준다.

그렇다면 협상에서 전이는 어떻게 이루어질까? 이 개념에 익숙해지기 위해, 협상 과정에서 전이가 어떻게 나타나는지를 몇 가지 사례를 통해 보여 주겠다.

우선, 로니의 사례를 살펴보자. 로니는 커리어 초기에 그의 상사인 해럴드와 여러 차례 협상에 참여했지만, 협상 결과가 늘 만족스럽지 않았다. 해럴드는 로니를 포함한 모든 대상을 적으로 간주하는 보수적인 성향이 강한 협상가였다. 그로 인해 로니는 원하는 것을 거의 얻지 못했고 협상할 때마다 패배감과 무력감을 느끼며 협상 테이블을 떠났다. 그러다 보니, 로니는 협상에 부정적인 시각을 갖게 되었고, 협상이란 본질적으로 불편한 과정이며 승패 중심의 교묘한 접근 방식이 성공적인 협상 방식이라고 믿게 되었다.

이후, 로니는 사내 중심의 직무에서 외부 고객을 상대하는 영업 직무로 보직을 변경하게 되었다. 해럴드는 로니가 새로운 역할을 잘 해낼 수 있도록 적극적으로 지원했다. 로니는 영업 협상에서 매우 강경한 접근 방식을 취했고, 가능한 한 고객을 조종하며 최대한 이득을 취하려고 했다. 해럴드는 이러한 로니의 협상 방식과 초기 성과에 만족스러워했다. 초기에 로니는 많은 판매 실적을 올렸다. 하지만 시간이 흐르면서 재구매 고객이 많지 않다는 점을 인식하게 되었다. 그래도 해럴드는 괜찮다고 로니를 위로하면서 '협상이란 원래 그런 것'이라고 말했다. 하지만 1년 후 해럴드가 질병으로 인해 퇴사하면서, 상황이 급변했다.

새로운 CEO로 로사가 부임했는데, 로사는 전임자 해럴드와 정반대의 협상 철학을 가지고 있었다. 로사의 협상 접근 방식은 상호 이익을 추구하고 고객과의 장기적인 관계를 중시하는 것이었다. 로사의 철학은 이렇게 한 문장으로 요약할 수 있다. "고객을 올바르게 대하고 관계를 존중한다면 현재 고객이 최고의 미래 고객이 된다."

로사가 부임한 직후, 로니는 퇴사한 다른 영업 사원이 담당하던 기존 고객들과 협상을 진행했다. 로니는 고객들과의 협상에서 시종일관 아주 강경한 태도를 취했는데, 협상 직후 한 장기 거래 고객으로부터 로사에게 항의 전화가 왔다. 그 고객은 격앙된 목소리로 로니의 교묘한 협상 전략을 알고 있느냐고 물었고, 계속 이런 방식이 진행된다면 거래처를 변경할 수밖에 없다고 말했다. 로사는 고객에게 그 이유를 물었고, 고객의 말을 듣고 나서 깜짝 놀랐다.

로사는 곧장 로니를 사무실로 불러 방금 받은 전화 내용에 대해 이야기했다. 그러자 로니는 깜짝 놀라 이렇게 말했다. "그런데 대표님, 저는 그런 영업 방식으로 좋은 거래를 성사시켜 왔습니다. 그리고 그건 전 대표인 해럴드에게 그렇게 배웠습니다." 그러자 로사는 로니를 쏘아보며 말했다. "그런 방식은 단기적으로는 효과가 있을지 모르지만, 장기적으로는 고객과의 관계를 위태롭게 만들 수 있습니다. 우리 회사는 더 이상 그런 식으로 일하지 않을 겁니다. 고객과의 관계 얼마나 가치 있는 일인지를 알아야 합니다. 이 관계들이야말로 우리가 하는 모든 일의 생명줄입니다. 대화는 여기서 끝나지 않아요. 이제부터가 진짜 시작입니다." 로사의 말을 들은 로니는 고개를 떨궜고, 분노와 혼란이 뒤섞인 듯한 감정을 느꼈다.

로니는 로사의 방을 나서면서, 무엇이 문제인지 진심으로 궁금했다. 어쨌든 로니는 자신이 배운 대로 업무를 수행했을 뿐이라고 생각했고, 해럴드는 항상 자신의 업무 방식에 만족해했기 때문이다.

그렇다면 무엇이 잘못된 걸까? 로니는 로사가 최근 회사에 영입한 다른 영업 사원들에게 연락을 취했고, 그들이 협상에 대해 자기와 완전히 다른 접근 방식을 취한다는 사실을 알게 되었다. 로사가 추구하는 경영 방침을 고려할 때, 이 회사에서 미래를 이어가고 싶다면 자신의 관점을 바꾸고 이 새로운 접근 방식을 배워야 한다는 사실을 깨달았다.

로니는 해럴드와의 협상에서 겪은 굴욕적인 경험과 그로 인한 감정적 전이 때문에 사고방식 문제에 빠져 있었다. 로니가 내면화한 협상 방식은 단기적이거나 일회성 협상에서는 효과를 볼 수 있었지만, 장기적으로는 중요한 관계를 훼손시켜 문제를 일으키는 방식이었다. 로니는 극단적인 승패 위주의 접근 방식이 가진 단점을 전혀 이해하지 못했다. 로니는 상황에 관계 없이 그 방식을 모든 협상에 무의식적으로 적용했고, 어떻게 해서든 자신의 우위를 확보하고 승리하려는 욕구가 강했다.

로니는 로사와 대면한 후에야 자신의 협상 방식이 재구매로 이어지는 단골 고객을 확보하는 데 전혀 도움이 되지 않으며, 결과적으로 영업 사원으로서 스스로를 망치는 행동이라는 사실을 깨달았다. 이제 로니는 이전의 협상 방식을 모든 협상에 적용해서는 안 되며, 새로운 협상 방식을 배워야 한다는 사실을 깨달았다.

로니의 사례처럼, 문제를 해결할 때 이전에 사용한 방식을 이후의 문제에 그대로 적용함으로써 상황을 더 악화시키는 경우가 있는데, 이를 부정적 전이Negative Transference라고 부른다. 실제로, 많은 협상가들이 초기 문제에 대해 잘못된 접근 방식을 취하고, 그 방식이 효과적이지 않고 성공 가능성이 거의 없는데도 미래의 상황에 그대로 적용한다. 이 점을 강조하기 위해 또 다른 협상 사례를 소개하겠다.

에일리는 매우 난처한 상황에 처해 있었다. 캐시와의 거래를 성사시키기에는 시간이 촉박했기 때문이다. 에일리는 재정적인 측면에서 이미 양보할 수 있는 만큼 양보한 상태였고, 더 양보하면 회사에 손해가 발생할 수 있었다. 하지만 두 사람은 여전히 25만 달러의 차이를 좁히지 못했다.

에일리는 거래를 포기할지 여부를 오랫동안 고민한 끝에, 협상을 성공으로 이끌 마지막 시도로 한 가지 제안을 했다. 에일리가 2년 계약에 12만 5,000달러를 감액하는 대신, 계약이 만료되면 더 유리한 조건으로 재협상하겠다는 서면 계약을 하는 것이었다. 캐시는 곧바로 이 제안에 동의했다.

에일리가 상사에게 돌아갔을 때 상사는 거래를 성사시킨 에일리의 능력에 대해 칭찬을 아끼지 않았다. 에일리는 최종 합의와 관련하여 몇 가지 의구심을 표했지만, 상사는 "협상은 원래 그런 거예요."라고 말하면서 에일리의 판단을 지지했다. 그 말을 들은 에일리는 기분이 한결 가벼워졌고, 자신이 결정에 자신감을 갖게 되었다. 그래서 에일리는 협상에서 서로 양보하거나 타협하는 것이 바람직하며, 이것이 협상을 성공으로 이끄는 열쇠라고 생각했다.

6개월 후, 에일리는 제시라는 잠재 고객과 새로운 협상을 진행하게 되었다. 제시가 제시한 조건은 에일리가 이전에 진행했던 협상 때보다 훨씬 불리한 것이었고, 게다가 제시는 매우 완고한 태도를 보였다. 에일리는 제시와 함께 계약 사항을 이행하고 계약 기간 동안 문제점을 해결해야 한다는 것도 잘 알고 있었기 때문에 미래가 밝지 않다고 느꼈다.

에일리는 선택지를 저울질하던 중 이전에 마지막 순간에 타협했던 일이 떠올랐고, "협상은 원래 그런 거예요."라고 상사가 했던 말이 계속해서 머릿속을 맴돌았다. 제시는 다급한 어조로 에일리를 압박했다. "어서 답을 주세요!" 에일리는 심호흡을 하고 나서 제안에 동의했다. 그때 제시는 음

흉한 미소를 짓고 있었다.

에일리는 그 합의가 썩 만족스럽지는 않았지만, 이전 협상에서처럼 상사가 자신의 결정을 지지해 줄 것이라는 생각에 위안을 얻었다. 에일리는 협상 과정과 최종 합의 내용을 상사에게 보고했다. 상사는 충격과 실망이 뒤섞인 표정을 지으며 물었다. "왜 그런 조건에 합의한 거죠? 도대체 무슨 생각으로 그렇게 한 거예요?" 에일리는 침울한 심정으로 상사가 협상의 본질에 대해 예전에 했던 말을 다시 인용하며 자신이 한 일을 정당화하려고 애썼다. 그러자, 상사는 의아하다는 듯한 표정을 짓고 에일리를 바라보며 말했다. "맞아요. 지난번 협상에서는 그 합의가 타당했어요. 하지만 이번에는 상황이 달라요. 이전 건은 오랜 고객과의 협상이었으니까요. 이전 계약을 바탕으로 우리는 앞으로도 그 고객과 거래를 계속할 것이라는 확신을 어느 정도 얻을 수 있었어요. 게다가 그들은 함께 일하기 편하고 약속을 잘 지키는 것으로 입증된 고객이었어요. 반면, 이번 협상은 새로운 고객이었고 아주 까다로운 상대였죠. 이 관계가 앞으로 어떻게 될지 아무도 모르는 상황인데, 그런 중요한 차이점을 전혀 몰랐던 거예요?" 이 말을 들은 에일리는 당황스럽고 창

피했다.

이 사례에서 어떤 교훈을 얻을 수 있을까? 에일리에게는 두 협상이 유사해 보였고, 왜 한 협상에서는 자신의 접근 방식이 받아들여지고 다른 협상에서는 받아들여지지 않았는지 나중에 깨달을 수 있었다. 에일리는 결정을 내려야 하는 상황에서 두 협상의 차이를 제대로 고려하지 않고 첫 번째 협상과 동일한 사고방식을 유지하면서 두 번째 협상에 그대로 적용하고 말았다. 이는 누구나 한 번쯤은 빠지게 되는 흔한 함정이다. 그렇다면 어떻게 해야 하나의 협상에서 얻은 교훈을 올바르게 다음 협상에 전이할 수 있을까?

먼저, 부정적인 전이가 일어나고 있다는 명백한 징후를 인식하는 것에서 시작해야 한다. 이에 관해 정신 건강 작가 스테파니 해리슨Stephanie Hairston은 "감정이나 반응이 실제 상황보다 훨씬 더 크게 느껴질 때가 있다. 단순히 좌절감을 느끼고 분노에 휩싸이고 상처받는 것이 아니라, 마음속 깊이 내재된 믿음을 뒤흔드는 고통을 느낀다."라고 설명했다. 즉, 부정적 전이의 뚜렷한 징후는 실제보다 감정과 반응을 과도하게 느끼는 것이다.

다시 말해, 어떤 상황에 대해 깊이 내재된 감정이 무의식적으로 협상 접근 방식에 영향을 미친다는 의미다. 일반적으로 이러한 반응은 의식 바깥에서 일어난다. 따라서 이 문제를 효과적으로 해결하기 위해서는, 근본적인 사고방식과 신념을 의식의 영역으로 끌어올려 관리할 수 있도록 만드는 것이 핵심이다.

또한, 이전 단계에서 숲과 나무 분석을 기반으로 협상의 유사 가능성을 비교하는 것 역시 반드시 필요하다. 아래에 제시한 질문들은 협상 간에 가장 큰 차이가 드러나는 부분을 이해하는 데 도움이 될 수 있으며, 각 질문 뒤에는 그 이유도 함께 설명되어 있다. 여기에는 전술이나 기술 기반의 문제와 사고방식 기반의 문제가 뒤섞여 있다는 점에 주목하라. 이중에서 사고방식 기반의 문제는 다음 단계에서 더 자세히 설명하겠다.

두 협상을 비교할 때, 스스로에게 다음의 질문을 해 보라.

- **두 협상에 같은 인원의 협상가가 참여했는가?**

한 협상에 두 명의 당사자가 있고 다른 협상에는 더 많은 당사자가 있다면, 이 두 협상의 과정은 크게 다를 수 있다.

두 명의 당사자 간에는 하나의 역학 관계가 존재하지만, 당사자가 많아지면 더 많은 이해관계가 추가되고 복잡해지기 때문이다.

- **한 협상에서는 한 가지 쟁점에 초점을 맞춘 반면, 다른 협상에서는 여러 쟁점을 다루었는가?**

단일 쟁점 협상은 주로 한 가지 방식으로 접근하는 경우가 많지만, 다중 쟁점 협상은 다양한 전략적 선택이 필요하다. 예를 들어, 다중 쟁점 협상에서는 논의 중인 사안을 한 번에 한 가지씩 다룰 수 있고 여러 주제를 하나로 묶어 처리할 수도 있다. 또한 각 당사자의 가치 평가에 따라 절충적인 접근 방식을 취할 수도 있다.

- **한 협상에서는 관계가 중요하지 않은 단기적 차원에만 초점을 맞춘 반면(일회성), 다른 협상에서는 단기적인 관점뿐만 아니라 및 장기적인 관점(향후 추가 협상 가능성)까지 고려했는가?**

단기 협상에서는 관계가 그다지 중요하지 않기 때문에, 이 점을 고려한 협상 방식이 유용하다. 반면, 장기 협상에서는 단기적인 성과도 중요하지만 시간이 지나면서 형성되는 관계 역시 그에 못지않게 중요하다.

- **제대로 진행되지 않았던 이전 협상과 현재 협상 사이에 부정적인 전이를 유발할 수 있는 미묘한 유사점이 존재하는가?**

상대 협상가나 협상 상황 자체에서 무의식적으로 과거의 경험을 떠올라 전이가 나타날 수 있으며, 이러한 부정적인 연상이 협상 접근 방식에 방해가 될 수 있다. 상대방이 과거에 협상했던 사람과 외모, 말투, 행동이 비슷하거나 협상 상황에서도 유사한 점이 발견될 수 있다. 특히, 협상에서 힘의 불균형이 큰 경우에 이런 경향이 더욱 두드러진다.

- **협상에 참여한 협상가들의 협상 방식이 같았는가, 아니면 달랐는가?**

토머스 킬만Thomas Kilmann 모델은 협상에서 흔히 나타나는 경쟁, 수용, 회피, 협력, 타협이라는 다섯 가지 갈등 처리 방식을 설명한다. 협상에 임할 때, 이 다섯 가지 방식을 염두에 두고 상대방의 협상 방식에 따라 자신의 협상 방식을 조정하는 것이 유용할 수 있다. 예를 들어, 경쟁적인 스타일의 사람과 협상할 때는 수용적인 스타일의 사람을 상대할 때와는 다른 접근 방식을 취하고, 그에 적절한 메시지와 어투를 선택하는 것이 중요하다. 첫 번째 협상과 두 번째 협상에서 서로 다른 스타일의 상대를 만났다면, 이 또한 고려해야 할 사항이며 그 영향력도 따져 봐야 한다.

- **두 협상에서 역학 관계가 같았는가, 아니면 달랐는가?**

다음은 고려해야 할 주요 역학 관계다.

- 한 협상에서는 신뢰가 있었지만, 다른 협상에서는 불신이 있었는가?
- 한 협상에서는 협상 당사자 간의 힘의 차이가 뚜렷하게 드러났지만, 다른 협상에서는 그렇지 않았는가? 즉, 한 협상에서는 힘의 균형이 맞았지만, 다른 협상에서는 불균형이 있었는가?
- 협상 당사자의 성별이 같았는가? 성별이 달랐다면 그것이 협상에 어떤 영향을 미쳤는가?
- 한 협상에서는 당사자들이 같은 문화권 출신이었고, 다른 협상에서는 다른 문화권 출신이 섞여 있었는가?
- 한 협상에서는 당사자들 간의 세대 차이가 있었고, 다른 협상에서는 세대 차이가 없었는가? 또는 두 협상에서 서로 다른 방식

의 세대 차이가 있었는가?
- 한 협상에서는 시간 압박이나 마감 시한이 있었고, 다른 협상에서는 그렇지 않았나?

올바른 교훈을 얻고 이를 다른 상황에 효과적으로 전이하기 위해 가장 중요한 것은, 협상 간의 유사성을 비교하고 협상에 대한 접근 방식과 기본적인 사고방식이 언제 잘못된 방향으로 흐를 수 있는지 이해하는 일이다.

협상가는 과거 경험에서 얻은 교훈을 적절히 적용할 수 있을 정도로 유사한 역학 관계를 가진 협상을 식별할 수 있어야 한다. 이와 반대로, 역학 관계가 유사하지 않은 경우에는 그 협상의 독특하고 고유한 특징을 면밀히 살피고 어떤 교훈이 적용 가능한지 신중하게 판단해야 한다.

경험에서 올바른 교훈을 얻었다는 확신이 서면, 그다음 단계는 자신의 약점을 파악하고 처음에 문제나 실패를 일으킨 생각과 행동을 적극적으로 개선해 나가는 것이다.

7장

4단계:
약점 버리기

늘 하던 대로만 하면,
늘 같은 결과를 얻을 것이다.

―제인 커크패트릭 Jane Kirkpatrick

 협상가로서 수년간 쌓아 온 자신만의 지식과 경험이 있을 것이다. 인간은 익숙한 방식대로 행동하기 마련이다. 그렇게 이상화된 자아상은 협상에 도움이 되기도 하지만, 때로는 방해가 되기도 한다.

 협상 테이블에서 좌절과 실패는 다양한 요인 때문에 발생한다. 그중에는 통제할 수 있는 것도 있고, 그렇지 않은 것도 있다. 협상에서 실패하는 경우, 그 원인은 대부분 협상가 개인의 약점에서 기인한다. 즉, 협상할 때 취약한 부분을 잘 다루지 못하기 때문에 실패하는 것이다. 따라서 협상가로서 현재 모습에 열린 자세를 취하고 자신의 약점을 개선할 때, 향후 실수와 실패를 최소화함으로써 최상의 결과를 이끌어

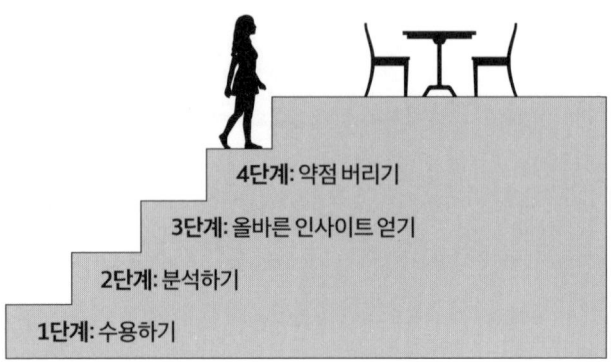

낼 수 있다.

약점을 개선하기 위해서는, 외부 요인뿐만 아니라 내부 요인도 함께 고려해야 한다. 지금까지 알아본 단계들에는 이 두 가지가 혼합되어 있다는 점을 이미 간파했을 것이다. 이제부터는 내면의 성찰에 더욱 집중하고자 한다. 자기 성찰 없이 협상가로서 성장할 수는 없다.

협상가로서 우리가 가진 약점 중 일부는 '올바른 협상 방식'이라고 배워온 것들에서 비롯된다. 안타깝게도, 많은 사람들이 협상에 관해 다양한 곳에서 배운 잘못된 인식과 방식 때문에 더 강력한 협상가가 되는 데 어려움을 겪는다. 이 단계에서 제안하는 전략은 우리를 방해하는 요소들을 적극적으로 버리는 것이다. 이 지점에서 출발하여, 자신의 약점으로부터 무엇을, 어떻게 배울 수 있는지에 대해 더 자세히 살펴보자.

이 주제에 대해 본격적으로 논의하기에 앞서, 기존에 알고 있었던 것을 버린다는 의미의 '적극적인 버리기Active Unlearning'의 중요성에 대해 알아보자. 우연히 또는 아무런 계획 없이 무언가를 잊어버리는 것은 쉽게 가능하다. 하지만 적극적인 버리기는 생각이나 행동의 문제를 인식하고, 의도적으로 바꾸려는 노력을 의미한다.

잘못된 협상 행동과 사고방식을 적극적으로 버리는 데 도움이 되도록, 개인의 약점을 파악할 수 있는 객관적인 도표를 준비했다. 그림 7-1는 세 개의 열로 이루어져 있다. 첫 번째 열에는 자신의 약점이라고 생각하는 것을 적고, 두 번째 열에는 그러한 약점이 형성된 배경, 즉, 그 협상 방식을 어떻게 배웠는지를 적는다. 세 번째 열에는 개선하거나 변화하기 위해 버려야 할 점을 적는다. 그림 7-2는 실제로 이 도표를 어떻게 적용해야 하는지 잘 보여 주는 예시다.

협상에서 약점을 다룰 때는 누구에게나 약점이 있다는 전제에서 출발하는 것이 중요하다. 자신의 약점에 대해 생각할 때는 문제 영역에 대해 좀 더 포괄적으로 바라보고, 각

그림 7-1. 약점 도표

나의 약점	약점을 가지게 된 이유와 배경	버려야 할 점
1.	1.	1.
2.	2.	2.
3.	3.	3.
4.	4.	4.
5.	5.	5.

그림 7-2. 약점 도표 예시

나의 약점	약점을 가지게 된 이유와 배경	버려야 할 점
1. 상대 협상가를 적으로 간주한다.	1. 단기적으로 최대한 많은 것을 얻고, 장기적인 문제는 나중에 해결해야 한다고 배웠다.	1. 단기적인 성공만 중요하게 여기고, 장기적인 관계 신장에 신경 쓸 필요가 없다고 생각하는 점.
2. 타협을 협상의 동의어로 이해한다.	2. 합의에 도달하려면 중요한 것을 포기해야 한다고 배웠다.	2. 타협은 모든 협상의 핵심 요소이며, 목표를 달성하기 위해 항상 중요한 것을 포기해야 한다고 생각하는 점.
3. 협상에서 감정을 배제하려고 한다.	3. 다른 사람들이 감정에 휩싸여 협상이 결렬되는 것을 자주 목격했다.	3. 감정은 협상에 파괴적인 영향을 미칠 뿐이며, 실제로 협상 과정에서 배제할 수 있다고 생각하는 점.

약점이 실패로 이어진 협상에서 어떤 영향을 미쳤는지 성찰해야 한다. 이 약점들이 어떻게 잘못된 행동이나 결정을 하도록 유도했는가?

약점은 의식적인 것과 무의식적인 것이 있다. 후자의 경우, 이를 정확히 파악하기 위해서는 내면을 파고들어야 한다. 이때, 친구나 동료와 이야기를 나눔으로써 외부의 관점에서 자신의 협상 능력을 점검하는 것이 유용할 수 있다. 다른 사람들은 자신이 미처 보지 못하는 것을 찾아내어, 생산적인 방식으로 그것을 반영하는 데 도움을 줄 수 있기 때문이다.

약점을 알게 된 후에는 왜 그러한 약점이 존재하는지 스스로에게 질문해야 한다. 어떻게 그러한 약점을 가지게 되었으며, 그에 따른 태도와 행동을 바꾸려면 어떻게 해야 할까? 이러한 탐구는 중요한 질문으로 이어진다. 어떻게 하면 잘못된 길로 이끌었던 행동이나 사고방식을 과감히 버리고, 보다 생산적인 방향으로 전환할 수 있을까?

'적극적인 버리기'에 대해 본격적으로 살펴보기 전에, 이를 실천하는 방법을 보여 주는 한 가지 사례를 소개하고자 한다. 많은 사람들이 공통으로 가지고 있는 한 가지 약점은 협상 단계에서 단호하게 자기주장을 펼치지 못한다는 것이다. 이것은 반드시 개선해야 할 점이다.

그렇다면 스스로에게 질문을 던져 보라. 자기주장을 하는 데 힘들어하는 이유는 무엇인가? 한 가지 답변은 사회가 사람들에게 자신의 요구를 주장하는 것은 적절하지 않다고 말해 왔기 때문이라고 할 수 있다. 이러한 관념은 '현재 가진 것에 감사해 하고 상대방의 제안을 그대로 받아들여야 한다'는 사회적 분위기에 의해 강화되었을 것이다. 이는 자기주장을 욕심과 연관시키거나, 자신에게 중요한 것을 요구할 자격이 없다고 느끼게 만든다. 하지만 비록 불편하더라도 자신에게 솔직해져야 하며, 마음속 깊이 내재된 생각과 감정을 인정하는 것이 중요하다.

그다음에는 이렇게 자문하라. 앞으로 같은 실수를 반복하지 않으려면 무엇을 버려야 하는가? 만약 지금까지 자신이 원하는 것을 탐욕스러움과 연관시키거나 스스로 요구할 자격이 없다고 느껴 왔다면, 그 관점을 버리고 새로운 관점으로 바꿔야 한다. 협상에서 필요한 것을 단호하게 요구해야 하며, 그렇지 않으면 원하는 결과를 절대 얻을 수 없다. 겉보기에 이 과정은 간단해 보이지만, 특정 행동을 하는 이유를 정확히 파악하는 것은 쉽지 않고 상당한 성찰이 필요할 수 있다. 또한 버려야 할 것은 약점 그 자체보다 훨씬 더 복잡하고 깊은 곳에 있다는 점도 유의하라.

저명한 경영학자 피터 드러커Peter Drucker는 "새로운 일을 시작하고자 한다면, 오래된 일을 그만둬야 한다."고 말했다. 적극적인 버리기는 새로운 일을 하기 위해 필요한 공간을 만드는 과정이다.

심리학자 허버트 저주이 Herbet Gerjuoy가 한 말은 우리에게 통찰력을 더해 준다. "21세기의 문맹자는 읽고 쓰지 못하는 사람이 아니라, 배우고, 버리고, 다시 배우지 못하는 사람이 될 것이다."

그렇다면 그동안 우리를 이끌어 온 지식과 행동을 어떻게 버릴 수 있을까? 기존의 지식과 행동을 버리기 위해서는 단순히 잊는 것을 넘어, 도움이 되지 않는 신념과 습관을 면밀하게 검토하고 의도적으로 제거하는 과정이 필요하다. 새로운 학습을 방해하는 과거의 협상 방식과 원칙을 점검하고 과감히 도전하는 것을 의미한다.

앞에서 언급한 로니의 사례를 다시 생각해 보자. 로니의 상사 해럴드는 로니에게 협상은 지배하고 승리해야 하는 것이라는 믿음을 심어 주었다. 로니가 협상가로서 변화하고 성장하기 위해서는, 먼저 문제를 인식한 다음 자신이 올바른 협상 방식이라고 믿어 온 것을 의식적으로 버려야 했다.

적극적으로 버리기 위해서는, 먼저 자신의 행동이 어떻게 문제가 되는지 인식한 다음, 사고방식에 영향을 미치는 근본적인 태도에 의문을 제기하고 문제의식을 느껴야 한다. 깊이 내재되어 편안하고 익숙한 것을 버리는 일은 생각하는 것보다 훨씬 더 어려운 과정이다.

문화가 전혀 다른 낯선 나라를 방문하는 상황을 떠올려 보라. 대부분의 사람들은 다른 문화에 적응하는 과정에서 혼란을 경험하곤 한다. 이 경험은 때때로 협상의 영역에서도 흔히 발생한다. 과거 경험을 통해 배운 상호작용 방식이 다른 환경에서는 더 이상 적용되지 않기 때문이다. 새로운 환경을 이해하고 그 상황에서 효과적으로 행동하기 위해서는 이전의 사고와 행동 방식을 버려야 한다.

이와 관련하여, 내가 직접 경험한 사례를 소개하고자 한다. 나는 예전에 '아브라함의 길 Abraham Path'이라는 프로젝트에 참여한 적이 있다. 이 프로젝트의 목표는 중동 지역을 가로지르는 장거리 도보 여행 경로를 조성하는 것으로, 그러기 위해서는 외부인과 지역 주민을 독특한 방식으로 연결하는 것이 중요했다. 그 과정에서 나는 터키 남동부를 포함한 여러 지역을 방문했는데, 그중에서 샨르우르파 Şanlıurfa주의 하란 Harran이라는 마을에서 많은 시간을 보냈다. 이 지역의 문화는 내가 살아온 문화와는 많이 달랐다. 개인의 평판을 중시하고 사회적 이미지를 보호하고 방어하려는 신념이 강했다. 그 지역 사람들은 명예라는 개념에 큰 의미를 부여하면서, 많은 상황에 명예와 관련된 함의가 담겨 있다고 인식하고 있었다. 처음에 지역 공동체와 함께 일하기 시작했을 때, 그곳 사람들은 아가Aga라고 불리는 족장을 중심으로 한 봉건 체제 속에서 살고 있었다. 그때 나는 내가 기존에 세상을 보고 이해하던 방식이 그 환경에서는 적용되지 않는다는 사실을 깨달았다.

나는 나의 사고방식의 기반이 되었던 서구적인 관점을 잠시 내려놓고, 이와 같은 문화 속에서 산다는 것이 실제로 어떤 의미인지 배워야만 그들에게 가장 중요한 가치가 무엇인지 알 수 있었다. 그 과정이 쉽지 않았지만, 다양한 실패를 경험한 끝에 성공을 거둘 수 있었다.

따라서 진정으로 자신의 약점을 버리기 위해서는, 지금까지 발전시켜 온 습관이 실제로는 그동안 믿었던 것만큼 효과적이지 않다는 사실을 인정해야 한다. 그렇게 할 때, 더 이상 도움이 되지 않는 신념에서 벗어날 수 있다.

모든 협상가가 탁월한 능력을 발휘하기 위해 버려야 하는 또 한 가지 개념이 있다. 바로 타협이 협상에서 매우 중요한 요소라는 믿음이다. 이 믿음을 버려야 하는 이유는 뭘까?

이 글을 읽는 독자는 대부분 타협이 협상의 핵심 전략이라고 생각할 것이다. 하지만 이런 방식의 사고는 예상치 못한 방식으로 우리의 행동을 제약할 수 있다. 그 이유는, 타협을 미리 예상하고 협상에 임하면 원하는 목표를 달성하기 위해 포기해야 할 것에 지나치게 주의를 집중하게 된다. 대부분 자신이 직면한 문제나 상대방의 진정한 근본적인 이해관계를 제대로 파악하기도 전에 타협을 선택한다. 자신에게 중요한 것을 포기해야 하는 이유를 알기도 전에 포기하는 것이 현명하다고 생각하는가? 절대 그렇지 않다. 타협은 협상에서 의사를 결정할 때 첫 번째가 아닌 마지막 선택이 되어야 한다.

타협은 손쉽게 해결책에 도달하고, 서둘러 다음 문제나 과제로 넘어가는 협상 방식이다. 시간을 다투는 협상에서는 이 방식이 선호될 수 있다. 하지만 시간에 여유가 있는 협상에서도, 최선의 해결책을 찾지 않고 편의성에 초점을 맞추어야 하는가?

이해를 돕기 위해, 역사적인 타협 사례를 살펴보자. 가장 먼저 떠오르는 사례는 노예의 5분의 3을 미국 남부 주의 전체 인구에 포함시키기로 합의한 '3/5 타협Three-Fifths Compromise'이다. 이는 남부의 총인구수 대비 흑인 노예 인구를 백인의 5분의 3으로 산정하기로 합의한 것이다. 이와 유사한 입법적 타협으로 '미주리 타협Missouri Compromise'과 '1850년 타협Compromise of 1850'이 있지만, 마찬가지로 근본적인 문제 해결에는 실패했다. 역사를 더 거슬러 올라가 솔로몬 왕이 제시한 아기를 반으로 나누자는 타협안은 어떤가? 다행히 진짜 어머니가 나타나 상황이 해결되었지만, 만약 그렇지 않았다면 어떤 상황이 벌어졌을지 상상해 보라.

협상의 목적은 창의적인 문제 해결로, 문제와 관련된 당사자의 근본적인 이해관계를 파악하여 협상에서 얻을 수 있는 모든 가치를 극대화할 수 있도록 노력하는 것이다. 손쉽거나 빠른 해결책이 아닌 최선의 해결책을 추구해야 한다.

또한, 타협이 가진 또 다른 단점이 있다. 타협은 사람들로 하여금 무의식적으로 협상 과정을 꺼리게 하거나 심지어 혐오하게 만든다. 실제로 이렇게 말하는 사람들이 있다. "합의에 도달하는 유일한 방법이 자신에게 매우 중요한 것을 포기하는 것이라면, 누가 그렇게까지 하면서 협상에 참여하고 싶겠습니까?" 이런 상황을 매력적으로 느낄 사람은 거의 없을 것이다. 협상에서 이러한 관점은 바람직하지 않다.

지금까지의 논의가 협상에서 타협을 우선시하는 태도를 버리고, 문제 해결과 창의적 사고에 주력하는 데 도움이 되었기를 바란다. 문제 해결에 집중함으로써, 문제의 핵심을 다루고 자신과 상대방의 이해관계를 탐색하고 가능한 최선의 방법으로 이해관계를 충족시키기 위한 창의적인 과정에 참여할 수 있다. 나는 수년간 협상을 진행하면서, 이 방식이 비효율적인 타협에 의존하는 것보다 훨씬 더 효과적이라는 점을 직접 확인할 수 있었다.

일단 비생산적인 행동과 사고방식을 적극적으로 버려야 한다는 점을 인식하게 되면, 이 쉽지 않은 과정에 도움을 줄 수 있는 모델이 필요하다. 그림 7-3 모델은 '두려움 없는 디자인Fearless Design'이라는 조직에서 개발한 모델을 확장한 것으로, 구성 요소는 인식하기Awareness, 버리기Unlearning, 다시 배우기Relearning, 습관 형성하기Habit Forming, 실행하기Practice, 다시 버리기Unlearning Again, 6단계로 이루어져 있다.

기존에 있던 모델에 내가 추가한 개념이 '인식하기'이다. 이 개념을 첫 단계에 둔 이유는 현재 문제가 있다는 사실을

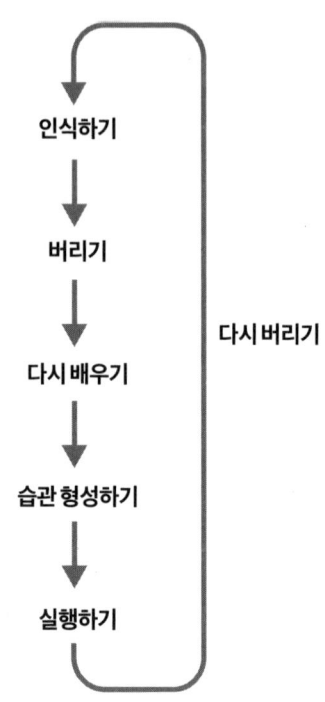

그림 7-3. 적극적으로 버리는 과정

자각하는 것이 가장 중요하기 때문이다. 만약 사고방식에 문제가 있다는 것을 인식하지 못한다면, 현재의 신념과 행동을 적극적으로 버려야 한다는 필요성을 전혀 느끼지 못할 것이다.

기존의 사고방식에 문제가 있다는 것을 인식한 후, 취해야 할 첫 번째 단계는 성공을 방해하는 요소를 적극적으로 제거하기 위한 조치를 취하는 것이다. 이를 위해서는 문제가 무엇인지, 그리고 왜 새로운 것을 배워야 하는지를 면밀하게 검토해야 한다. 이 과정을 거치는 이유는 유용한 것을 버리는 상황이 벌어지지 않도록 하기 위함이다.

장애물을 제거한 다음, 우리의 필요와 목표를 보다 효과적으로 충족시키는 데 도움이 되는 새로운 정보와 사고방식을 다시 배워야 한다. 반복적인 학습을 통해 내면화함으로써, 이를 협상에서 활용해야 한다. 또한 언젠가는 다른 문제를 인식하게 되거나 새롭게 배운 방식이 또 다른 문제에 부딪힐 수 있다는 가능성을 염두에 두고, 재점검해야 한다. 바로 그때가 다시 버려야 할 시점이다. 이것은 시간이 지나도 반복할 준비가 되어 있어야 하는 순환적인 과정이다.

이제, 협상에서 실패로 이어지는 생각과 행동을 버리는 일이 얼마나 중요한지를 이해했을 것이다. 그러나 아직도 그것들을 식별하는 데 어려움을 겪을 수도 있다. 그래서 그 시작을 돕기 위해, 버려야 할 몇 가지 개념에 대해 간략하게 설명할 것이다. 물론 이 개념들이 특정 상황에서는 적용 가능할 수도 있다. 협상에서 이러한 사고가 드러날 때는 과연 우리를 올바른 길로 이끌고 있는지, 아니면 잘못된 길로 이끌고 있는 건 아닌지 자문해야 한다.

타협은 최고의 해결책인가?

앞서 타협에 대해 이야기했지만, 여기에서 한 가지 사례를 더 소개하고자 한다. 로저 피셔 Roger Fisher, 윌리엄 유리 William Ury, 브루스 패튼 Bruce Patton 은 그들의 저서 『Yes를 이끌어내는 협상법 Getting to Yes』에서 도서관에서 공부 중인 두 사람의 이야기를 들려준다.

한 사람은 창문을 열고 싶어 하고, 다른 사람은 창문을 닫고 싶어 한다. 창문을 반쯤 열어 둘 수는 있지만, 이 타협책은 어느 쪽도 만족시키지 못한다. 두 사람이 계속 자기주장을 내세우면서 언성이 점점 높아지자, 도서관 사서가 다가와 두 사람에 주의를 주고 상황을 파악한다. 사서는 먼저 두 사람에게 창문을 열고 싶은 이유와 닫고 싶은 이유를 묻는다. 창문을 열고 싶다는 사람은 졸리기 때문에 신선한 공기를 마시고 싶다고 말하고, 창문을 닫고 싶다는 사람은 바람이 불어 문서가 날린다고 말한다. 사서는 잠시 생각한 뒤, 옆 통로로 걸어가 다른 창문을 연다. 이 해결책으로 신선한 공기는 들어오고 종이는 날리지 않게 되었다. 문제는 해결되었고, 누구도 양보할 필요가 없었다.

이 사례에서 얻을 수 있는 교훈은 무엇일까? 합의에 도달하기 위해 무언가를 포기해야만 한다고 전제하지 말고 다음과 같이 분석적인 사고로 접근하라는 것이다.

- 이 상황에 대해 내가 모르는 것은 무엇인가?
- 나에게 동기를 부여하는 것은 무엇인가? 이 협상에서 내가 중요하게 생각하거나 관심이 있는 것은 무엇인가?
- 내가 상대방의 동기에 대해 알고 있는 것은 무엇인가? 나는 상대방이 무엇을 가치 있게 여기는지 알고 있는가?

이런 일련의 질문은 타협하려는 충동을 버리고, 협상 당사자들이 진정으로 중요하게 여기는 것과 근본적인 이해관계를 파악하는 데 도움이 된다. 그렇게 했을 때 문제를 더 쉽고 효과적으로 해결할 수 있다.

감정을 배제해야 하는가?

버려야 할 또 다른 점은 협상에서 감정을 배제해야 한다는 생각이다. 인간은 본능적으로 감정적인 존재다. 따라서 협상에서 감정을 완전히 배제하는 것은 사실상 불가능하다. 감정을 억누르려는 시도는 오히려 상황을 악화시키는 경우가 많다. 감정은 공개적으로 표출되든 그렇지 않든, 엄연히 존재하기 때문이다. 로저 피셔와 다니엘 샤피로Daniel Shapiro는 실제로 감정을 억누르는 것이 건설적으로 표현하는 것보다 더 많은 문제를 초래할 수 있음을 입증했다.

사람들이 협상에서 감정을 배제하려는 주된 이유는, 감정이 협상에 부정적인 영향을 미쳐 혼란과 불안을 유발한다고 믿기 때문이다. 실제로 협상 중에 상대방이 격하게 화를 내거나 극도로 낙담하는 모습을 보곤 한다. 하지만 협상 시 감정은 개입될 수밖에 없으며, 모든 감정이 반드시 부정적인 것은 아니다. 예를 들어 열의, 열정, 자신감, 감사 등과 같은 감정은 긍정적인 영향을 줄 수 있다. 스스로에게 다음과 같은 질문을 던져 보라.

- 나는 협상에서 감정에 대해 어떤 관점을 가지고 있는가?
- 협상에서 감정을 배제해야 한다고 생각한다면, 그런 생각을 가지게 된 이유는 무엇인가?
- 협상에서 감정을 억눌렀던 경험이 있는가? 그때 기대한 결과를 얻었는가? 그렇지 않았다면, 그 이유는 무엇이며 협상을 계속 진행할 수 있도록 감정을 다르게 표현할 수는 없었는가?
- 감정이 생겨날 때, 어떻게 하면 감정을 다르게 인식할 수 있을까? 감정을 부정적인 요소가 아니라, 협상의 건설적인 동력이라고 생각할 수는 없을까?

어떠한 대가를 치르더라도 합의에 도달해야 하는가?

협상의 목적이 합의에 도달하는 것이라는 보편적인 오해가 있다. 언뜻 보면 일리가 있어 보이지만, 자세히 분석해 보면 버려야 할 잘못된 생각이다. 대부분의 협상에서 합의에 도달하는 것은 그다지 어렵지 않다. 생각해 보라. 원하지 않은 제안에도 그냥 '예'라고 말하면 언제든 합의가 가능하다.

진짜 어려운 것은 최대한 목표를 충족시킬 만한 실질적으로 의미있는 합의에 도달하는 것이다. 이것이 협상의 진정한 목표다. 협상의 목적을 잊고 있다는 생각이 들면, 스스로에게 다음과 같은 질문을 던져 보라.

- 협상의 목적이 합의에 도달하는 것이라고 생각하는 이유는 무엇인가? 그러한 생각은 어디서 비롯되었나?
- 합의에 도달했지만, 그것이 목적이나 목표에 부합하지 않는다는 것을 깨달았던 경험이 있는가?
- 합의에 이르지 못하고 협상에서 물러난 경험이 있는지 생각해 보라. 그 결정이 옳았다고 생각하는가? 그렇다면 그 이유는 무엇이며, 그 경험을 통해 무엇을 배울 수 있었는가?

협상은 제로섬 게임인가?

협상을 제로섬 게임으로 본다면 나와 상대방, 둘 중 하나는 반드시 이기고 다른 하나는 반드시 져야 한다. 승패 중심의 사고방식은 나중에 동일한 사람이나 조직과 다시 협상해야 하는 상황에서는 최악의 협상 접근 방식이 될 수 있다. 협상은 본질적으로 상호 의존적인 과정이라는 점을 잊지 말아야 한다. 양측이 모두 '예'라고 말했을 때 합의에 도달할 수 있는 것이다.

나는 강의나 교육을 진행할 때 참가자들에게 이런 질문을 자주 한다. "여러분은 같은 사람이나 조직과 얼마나 자주 반복적으로 협상을 하나요?" 대부분 85~90%라고 응답한다. 그렇다면 왜 우리는 상대 협상가를 적수로 간주하는 걸까? 이것은 분명히 파괴적인 사고방식이다.

우선, 어느 쪽이든 자기가 '졌다'고 생각하면, 다음 협상에서 어떻게 하면 그런 일이 다시 일어나지 않도록 하거나, 어떻게 하면 상대에게 되갚아줄 수 있을지 고민하는 데 많은 시간과 에너지를 쏟게 된다. 이것은 협상 테이블에 적대감을 불러오고 불신을 조성하며, 합의에 도달하는 데 도움이 되는 정보를 공유하지 않으려는 등의 문제를 야기한다. 특히 장기간에 걸쳐 사람들과 협력해야 하는 협상에서는 반드시 버려야 할 접근 방식이다. 스스로에게 다음과 같은 질문을 던져 보라.

- 나는 왜 상대 협상가를 적으로 인식하는가?
- 상대방을 적으로 보는 것이 나에게 이익이 되는가? 그렇다면 어떻게 해야 할까? 그렇지 않다면 그 이유는 무엇인가?
- 협상을 상호 의존적인 과정으로 본다면, 생산적인 다른 방식의 협상 과정을 상상할 수 있는가? 그렇다면 협상은 어떤 식으로 진행될까?

양측 모두 불만족스러워야 하는가?

최고의 협상은 결국 어느 쪽도 완전히 만족하면 안 된다는 사고방식은 버려야 한다. 몇 년 전, 한 학회에 참석했을 때 친구의 지인을 만난 적이 있다. 그 사람이 내 직업에 대해 묻길래, 나는 다양한 종류의 협상에 참여하고 있으며, 협상과 관련된 분야에서 사람들을 가르치고 훈련하는 일을 하고 있다고 설명했다. 그녀는 흥미로워하면서, 자신도 업무상 협상을 자주 한다고 말했다. 그러더니 자신 있게 이렇게 덧붙였다. "제 생각에, 최고의 협상이란 양측이 약간 불만족스러워하며 협상 테이블을 떠나는 거예요." 나는 그녀에게 물었다. "왜 그렇게 생각하시죠?" 그녀는 잠시 생각한 뒤 대답했다. "몇 년 전 제 상사 중 한 분이 그렇게 말했는데, 꽤 성공한 분이셨거든요. 그래서 그 말을 제 좌우명으로 삼았어요." 나는 웃으면서 다시 물었다. "그런 마음가짐이 수년 동안 실제로 어떤 효과가 있었다고 생각하시나요?" 내 질문에 놀란 듯, 그녀는 얼굴을 붉히며 대답했다. "음, 글쎄요...... 그런 것 같다는 말이죠. 그렇게 질문하시는 걸 보니 제 말에는 미처 생각하지 못한 한계가 있는 것 같아요." 내가 더 이상 말하지 않아도 그녀는 내가 무슨 말을 하고 싶은지 알아차린 것 같았다.

양측 모두가 약간 불만족스러운 상태에서 협상 테이블을 떠난다면, 어느 쪽도 진정으로 원하는 목표를 달성했다고 할 수 없다. 그러면 그 협상 과정은 잠재의식 속에서 실망스러운 경험으로 남아 있을 수밖에 없다. 또한 이러한 관점은 기대 수준을 낮게 만들어, 양쪽 당사자는 각자의 요구를 충족시킬 수 있는 최선의 합의안을 찾기보다는 덜 나쁜 선택지를 찾는 것으로 만족하게 된다. 혹시 이러한 관점을 가지고 있다면, 스스로에게 다음과 같은 질문을 던져 보라.

- 왜 양측 모두 조금 불만족스러워도 괜찮다고 생각하는가? 그 생각은 어디서 비롯되었나?
- 다소 만족스럽지 않더라도 미리 정해진 결과를 받아들이는 것이 아니라, 창의적으로 문제를 해결하는 데 초점을 맞추면 어떨까?
- 직접 경험했거나 들어 본 협상 중에서 양측 모두에게 만족스러운 결과를 얻은 사례가 있는가? 그렇다면 왜 그런 협상 방식이 앞으로 나의 목표가 될 수 없는가?

훌륭한 협상가는 타고나는 것인가, 아니면 길러지는 것인가?

수년 동안, 훌륭한 협상가 자질은 타고난다는 이야기를 들어왔다. 하지만 이런 생각에 다소 회의적이다. 다른 모든 역량이 그렇듯, 유능한 협상가가 되기 위해서는 연습이 필요하다. 물론, 어떤 사람들은 남들보다 협상에 더 쉽게 참여하는 성향을 타고났을 수 있다. 하지만 그것이 전부다.

이렇게 설명해 보겠다. 나는 대학에서 매 학기 '협상 입문' 수업을 한다. 수업이 끝나고 평가하는 자리에서 학생들이 공통으로 말하는 것은 그들이 얼마나 많이 배웠는지, 그리고 협상에 관련된 다양한 상황에 대해 얼마나 새로운 시각을 갖게 되었는지에 관한 것이다. 학생들은 새로운 개념과 사고의 틀을 접하면서, 협상의 전반에 대한 관점뿐만 아니라 협상가로서의 자신에 대한 인식이 크게 달라진다. 만약 자신이 훌륭한 협상가 자질을 타고나지 않았다고 생각한다면, 스스로에게 다음과 같은 질문을 던져 보라.

- 협상에서 특정 시점에 배운 것이 아닌 자신이 스스로 터득했다고 생각하는 것은 정확히 무엇인가?
- 어떤 기술과 능력이 선천적인지 후천적인지 어떻게 구분할 수 있는가?
- 자신의 커리어를 되돌아볼 때 협상가로서의 경험을 통해 어떤 교훈을 얻었으며, 그것이 어떻게 도움이 되었는가?

성공의 열쇠는 준비가 아닌 직관인가?

몇 년 전, 유럽에서 특정 분쟁과 관련하여 협상 전문가 집단과 회의를 한 적이 있다. 그때 수십 년의 경력을 보유한 유명한 협상가와 대화를 나누면서, 협상을 어떻게 준비하는지에 대해 그에게 물어보았다. 그는 처음 이 분야에 뛰어들었을 당시에는 준비의 중요성이 지금처럼 강조되지 않았다고 회고했다. 그때는 약간 오만해서, 단지 감에 의존해서 협상 과정을 풀어 가도 문제없다고 느꼈다고 설명했다. 그의 표현을 빌리면, '즉흥적으로' 협상을 진행해도 괜찮다고 생각했다고 한다. 하지만 시간이 흐르고 다양한 경험을 쌓으면서, 그는 그런 접근 방식이 얼마나 잘못된 것인지를 깨달았다고 말했다. 그리고 이렇게 강조했다. "직관은 매우 중요하지만, 성공의 필요조건이지 충분조건은 아닙니다. 철저한 준비가 반드시 병행되어야 하며, 그렇지 않으면 실패의 길로 갈 수밖에 없을 겁니다." 협상에서 직관에 지나치게 의존하고 있다면, 스스로에게 다음과 같은 질문을 던져 보라.

- 협상 준비의 필요성을 느끼지 못하는 이유는 무엇인가? 직관만으로도 충분히 협상에 성공할 수 있다고 믿게 된 근거는 무엇인가?
- 협상에서 직관이 들어맞지 않아서 더 철저히 준비했더라면 놓

치지 않았을 기회를 지나친 적은 없는가?
- 지난 협상을 돌이켜볼 때, 어떤 면에서 더 잘할 수 있었나? 그리고 사전 준비가 어떻게 도움이 되었는가?

'항상'이나 '절대'라는 말은 유효한가?

'항상 ~한다.' 또는 '절대 ~하지 않는다.'라고 말하는 사람을 보면, 즉각적으로 경계심을 갖는다. 협상가들이 이와 같은 말을 할 때 상황에 따라 다르게 행동할 때가 한 번도 없었는지 의문이 생긴다. 협상가로서 '항상' 먼저 제안해야 한다고 생각하거나 혹은 '절대' 먼저 해서는 안 된다고 생각한다면, 스스로에게 다음과 같은 질문을 던져 보라.

- 제안을 할 때 왜 '항상' 혹은 '절대'라는 말을 사용하는가? 그 배경에는 어떤 생각이 있는가?
- 제안 방식이 잘 통하지 않았던 때가 있었나? 만약 먼저 제안을 했거나(혹은 기다렸다면), 협상 결과가 달라졌을까?
- 어떤 상황에서 협상 방식을 바꿀 수 있었을까? 그렇게 생각한

이유는 무엇인가?

우리에게는 버려야 할 것이 여전히 많다. 많은 사람들이 협상에 관한 다양한 속설을 깊이 고민하지 않은 채 당연한 사실로 받아들이곤 한다. 그러나 이러한 것들은 성공적인 협상에 방해 요인이 될 수 있으므로, 더 나은 결과를 위해 심도 있게 점검하고 도움이 되지 않는다면 과감히 버려야 한다. 내면화된 원칙들이 협상가로서 우리에게 도움이 되는가, 아니면 우리가 생각하지 못한 방식으로 발목을 잡고 있는가?

지금까지의 내용을 요약하면 중단Stop, 시작Start, 지속Continue의 세 가지 단계로 정리할 수 있다. 협상에 방해가 되는 행동 중 어떤 것을 중단할 것인가? 그것을 대체하여 어떤 새로운 행동을 시작할 것인가? 그리고 앞으로 지속하고 싶은 행동은 무엇인가? 이와 같은 방식으로 자신의 약점을 분석하고 해결하면, 다음 단계에서는 더 현명하고 유능한 협상가로 돌아올 수 있을 것이다.

8장

5단계:
협상 테이블로 돌아가기

실패를 헛된 것으로
만들고 싶은 사람은 없을 것이다.
역경은 누군가를 무너뜨리지만,
위대하게 만들기도 한다.
결과는 오직 역경에 대처하는
방식에 달려 있다.

—닉 세이번Nick Saban

앞선 네 단계는 계획대로 진행되지 않은 협상을 돌이켜보는 과정이었다. 최고의 결과를 얻지 못했을 때 느끼는 좌절감을 극복한 다음, 구체적인 경험을 통해 진정으로 배우고, 협상가로서 스스로를 점검하는 데 초점을 맞추었다. 이는 실패가 헛되지 않도록 하기 위함이다. 단순한 연습이 아니라, 통찰력 있는 협상가로서 성공적인 협상을 위한 준비 과정이다. 즉, 더 똑똑하고 강해져서 자신감을 가지고 협상 테이블로 돌아가는 것을 의미한다. 이것이 바로 마지막 단계다.

자신감은 쉽게 규정하기 어려운 개념이며, 협상의 영역에서도 마찬가지다. 협상에서 자신감이 있다고 느끼는 순간은

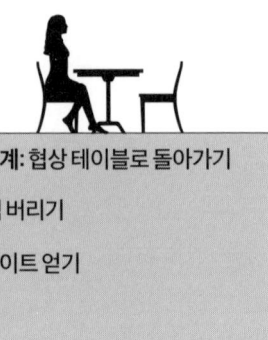

- 5단계: 협상 테이블로 돌아가기
- 4단계: 약점 버리기
- 3단계: 올바른 인사이트 얻기
- 2단계: 분석하기
- 1단계: 수용하기

논의되는 상황과 내용을 잘 파악하고 있다고 느낄 때다. 협상에서 지식이 부족하거나, 협상 주제(또는 상대 협상가)에 대해 불편한 감정을 느끼거나, 불확실성에 휩싸일 때 자신감이 떨어지고 자기 의심이 들기 시작한다.

그렇다면 자신감을 가지고 협상 테이블로 돌아와서, 이를 최대한 유지하고 협상에 임하려면 어떻게 해야 할까? 이번 장에서는 이를 위한 네 가지 핵심 요소를 소개할 예정이다. 첫째, 감정적 요소를 관리하기 위한 자기 인식. 둘째, 협상 전반 및 참여할 특정 협상에 대한 지식 확장. 셋째, 불확실성을 바라보는 새로운 관점. 넷째, 새로운 정보에 적응하는 사고방식과 설득 기술. 하나씩 살펴보자.

자기 인식과 감정 관리

협상 테이블에서 자신감을 갖추고, 유지하는 능력은 자기 인식에서 시작된다. 자기 인식은 협상이 진행되는 동안 자제력을 유지하는 능력과도 깊은 관련이 있다. 자기 인식에서 감정은 중요한 요소지만, 우리는 아직 이 부분을 깊게 다루지 않았다. 문제는 감정이 우리를 압도하기 시작하면 협상에 어려움이 생긴다는 점이다. 이는 협상가들이 자주 겪는 어려움이다.

협상 교육에서 한 참가자가 이런 말을 한 적이 있다. "감정을 배제할 수만 있다면 협상 과정이 정말 쉬울 것 같아요." 하지만, 안타깝게도 그건 불가능하기 때문에(앞 장에서 다룬 것처럼, 이런 믿음은 협상가가 버려야 할 잘못된 생각 중 하나다), 감정을 관리하는 방법을 배워야 한다. 무조건 감정을 억누르라는 말이 아니다. 감정을 효과적으로 협상 과정에 끌어들여, 감정이 문제 해결에 도움이 되는 방식으로 작용하도록 만들어야 한다는 의미다.

이 문제에 접근하는 가장 좋은 방법은 감성 지능EQ을 향상시키는 것이다. 다니엘 골먼Daniel Goleman은 이 개념에 대해 탁월한 연구를 진행했다. 내가 사람들에게 추천하는 유용한 기법이 하나 있는데, 로널드 하이페츠Ronald Heifetz가 처음으로 제안하고 나중에 동료 윌리엄 유리가 보완한 '발코니로 나가기Going to the balcony' 방법이다. 하이페츠는 이것을 "행동하는 도중에 한 발짝 물러나서 '지금 정말 무슨 일이 일어나고 있는가?'라고 자신에게 묻는 정신 활동이다."라고 정의했다. 이렇게 한 발짝 물러서면, 현재 벌어지고 있는 상황을 명확히 이해할 수 있을 뿐만 아니라, 감정이 격해지는 것을 방지할 수 있다. 결과적으로, 감정이 우리를 압도하는 것을 사전에 막고 감정을 효과적으로 관리할 수 있다.

'발코니로 나가기'에는 여러 형태가 있다. 협상 테이블에 앉아서 깊게 심호흡하거나 평온한 곳에 있다고 상상하는 것과 같은 짧은 방식부터, 잠시 자리를 떠나 커피를 마시거나 가볍게 산책하는 것과 같은 비교적 긴 방식까지 다양하다. 이 방식들은 감정을 억누르거나 부정하지 않고 있는 그대로 느끼면서 평정심을 유지하는 데 도움이 된다.

좀 더 긴 시간을 두는 방식으로는 '발코니 여행Balcony trip'이 있다. 감정적으로 민감한 제안이나 요구에 대해서는 하루나 이틀 정도 시간을 갖고 차분히 생각하는 것이 바람직하다. 핵심은 한 발짝 물러나 생각하는 시간을 갖는 것이다. 왜 특정 감정을 느끼는지 자신에게 질문하고, 효과적으로 감정을 관리할 수 있는 상태가 되면, 다시 협상 테이블로 돌아오는 것이다. 윌리엄 유리의 말처럼, "우리가 감정을 통제해야 하며, 감정이 우리를 통제하게 해서는 안 된다."

많은 이들이 감정적 차원을 효과적으로 다루는 것을 어려워하기 때문에, '발코니로 나가기' 기법은 매우 가치가 있다. 협상가로서 이 기법을 내면화한다면, 협상에서 유리한 고지를 점할 수 있을 것이다. 요컨대, 감정이 도움이 되지 않는 방식으로 우리를 지배하려고 할 때, 잠시 멈추고 한 발짝 물러서야 한다. 그래야 후회할 말을 하지 않고, 상황을 더 악화시키는 일을 피할 수 있다.

협상에 필요한 지식 확장

협상에서 자신감을 가지려면 다양한 역학 관계, 절차상 선택지, 그리고 상황에 영향을 미칠 수 있는 보이지 않은 요인 등 협상 전반을 파악하고 있어야 한다. 그러한 지식이 부족한 사람들은 대부분 왜 그런 요소를 찾아야 하는지를 이해하지 못한다. 예를 들어 인종, 성별, 문화, 세대 등 개인의 정체성과 관련된 특정 측면은 협상 과정에 미묘하게(때로는 뚜렷하게) 영향을 미칠 수 있다. 통찰력 있는 협상가는 이러한 요소들이 협상 테이블 아래에서 어떻게 작용하는지 감지할 수 있어야 한다. 협상과 무의식적 편향에 관한 지식은 축적된 경험과 병행될 때 큰 힘을 발휘할 수 있다.

또한 협상을 새로 시작하든 이전 협상을 재개하든, 자신감을 갖기 위해서는 당면한 특정 협상에 대한 이해가 필수적이다. 이는 협상에 대한 전반적인 지식뿐만 아니라 앞에서 언급한 과거에 경험했던 협상과 비교하여 유사점 혹은 차이점을 찾는 과정도 포함된다. 이렇게 분석을 수행한 후에는 협상 과정에서 아직 드러나지 않은 요소, 즉 존재는 알고 있지만 정확히 무엇인지는 알 수 없는 불확실한 상황에 대비해야 한다.

불확실성을 바라보는 새로운 관점과 적응력

협상가들은 새롭고 변화하는 상황에 적응하는 데 어려움을 겪는다. 불확실한 상황에 불편함을 느끼면서 자신이 잘 적응하지 못한다고 생각한다. 안타깝게도 이 문제를 피할 방법은 없으며, 결국 직면해야만 한다. 불확실성을 바라보는 새로운 관점을 공유하고, 유연한 사고와 적응력을 기를 수 있는 몇 가지 실용적인 조언을 전한다.

우선 자신이 처한 협상 상황을 본질적으로 끊임없이 변화하는 대상으로 인식하는 것부터 시작하라. "사람이 계획을 세우면, 신은 비웃는다."는 옛 격언이 있다. 인간에게는 자신의 삶을 계획하고 통제하려는 열망이 있지만, 삶과 협상은 늘 예상치 못한 도전 과제를 던져 준다. 예상하지 못한 상황에 대비하기 위해서는, 그 가능성에 대해 열린 마음을 갖고 미리 준비하는 훈련이 필요하다.

앞에서 실패와 관련된 슬픔을 다룰 때 언급했던 '불확실성'의 개념으로 돌아가 보자. 많은 사람들에게 불확실성은 부정적인 의미를 지니며, 머물기에 불편한 상태로 여겨진다. 하지만 다른 방식으로 접근하면 협상의 불확실한 상황에서 자신감을 유지하는 데 큰 도움이 된다.

나는 『불확실성: 불확실함에서 나오는 지혜와 경이로움Uncertainty: The Wisdom and Wonder of Being Unsure』의 저자 매기 잭슨Maggie Jackson와 그 가능성에 대해 함께 이야기를 나눈 적이 있다. 먼저, 불확실성에 대한 정의가 다양하게 존재한다는 점을 짚고 넘어갈 필요가 있다. 잭슨은 자신의 책에서 "최고의 사고는 불확실성의 지혜로 시작되고 끝난다."고 말한다. 실제로, 잭슨은 불확실성이 위대함을 촉진할 수 있다고 주장한다. 왜냐하면 불확실성이 고차원적 사고에 필수적인 역할을 하여 창의성의 새로운 차원으로 이끌어 주기 때문이다. 또한 예측 가능한 사고 패턴과 틀에 박힌 생각에서 벗어남으로써, 새로운 가능성에 도달할 수 있도록 자극한다고 말한다.

지금까지의 설명이 그럴듯하게 들리지만, 좀 더 확실한 증거가 필요하다고 생각할 수 있다. 이를 위해, 잭슨은 신경과학적 연구에 기반한 설득력 있는 근거를 제시한다. 불확실성은 두려움이 아닌, 긍정적인 스트레스 반응이라고 설명한다. 불확실한 상황에서 사람들의 정신이 더 민감하게 작동한다는 것이다. 잭슨은 이렇게 덧붙인다. "불확실성은 스트레스 호르몬을 분비하여 강력한 신경전달물질을 방출한다. 그럼으로써, 새로운 정보에 대한 수용성을 높이고 다양한 뇌 영역이 정보를 공유하도록 하여, 집중력을 유연하게 조절하는 인지 회로를 활성화한다."

믿기 어렵겠지만, 실제로 이러한 불안정한 상태에 있을 때 더 열린 마음으로 해결책을 찾고 새로운 방향으로 전환할 준비를 한다. 잭슨은 다음과 같은 강렬한 문장으로 결론 맺는다. "불확실성은 움직이는 지혜다." 이 단계에서 중요한 것은 불확실성에 대한 부정적인 인식을 버리고 새롭게 바라보는 것이다.

잭슨은 불확실성을 받아들이는 태도를 호기심과 연관 짓는다. 인간은 호기심이 생기면 진술보다 질문을 더 많이 하게 된다고 말한다. 해결책의 실마리가 될 수 있는 새롭고 가치 있는 정보를 찾으려는 자세를 취하게 된다는 것이다. 호기심은 협상이 진행되는 과정에서 이해해야 하는 부분을 파악하는 데도 매우 유용하게 작용한다. 호기심에 기반을 둔 사고방식을 가진 사람이 문제의 핵심을 발견할 가능성이 훨씬 높다. 호기심은 의문에 집중하고 모르는 것을 배우려는 노력과 연결되기 때문이다. 상대 협상가에게 진심 어린 호기심을 갖는 것은 '당신의 이야기와 나의 이야기'를 '우리의 이야기'로 전환하고, 존중respect과 호감likability이라는 두 가지 훌륭한 방식으로 목표를 향해 나아가는 데 도움이 된다. 존중과 호감은 열린 대화를 가능케 하고 상대방을 설득할 수 있는 능력을 높임으로써, 문제 해결을 촉진한다.

문제 해결 능력은 자신감과 적응력을 유지하기 위한 핵심 역량이다. 문제 해결에 집중할 때 기회를 포착하게 되고, 장애물을 극복할 수 있다. 이 접근 방식은 유연한 자세로 다양한 아이디어를 탐색하고 실험하도록 유도하여, 효과적인 해결책을 찾도록 도와준다.

적응력을 키우기 위해서는 새로운 정보가 떠오를 때 한 개념에서 다른 개념으로 빠르게 전환할 수 있도록, 사고의 민첩성을 키울 수 있는 훈련이 필요하다. 그중 하나는 즉흥적인 대처 기술을 배우는 것이다. 이와 관련된 실질적인 통찰력을 얻기 위해, 나는 다양한 상황에서 즉흥적인 기술을 가르치는 동료 이지 게젤Izzy Gesell과 인터뷰를 진행했다. 협상과 즉흥극의 연관성은 매우 흥미로운 주제이며, 많은 학자가 이 연구를 진행했다.

나는 이지에게 적응력과 관련된 기술을 강화하거나 습득

하는 방법이 있는지 물었다. 그러자, 이지는 적응력을 갖추기 위해서는 현재에 굳건히 뿌리를 내리고 있어야 하며, 그래야만 대화를 어느 방향으로 이어갈지를 제대로 알 수 있다고 강조했다. 협상가로서 지나치게 미래에 집중한 나머지, 현재에 영향을 미치는 요소나 방향을 전환할 수 있는 대화의 기회를 놓치는 경우가 많기 때문이다. 따라서 중요한 것은 현재 무슨 일이 벌어지고 있고 앞으로 무슨 일이 일어날지에 대한 단서를 세심하게 살펴보면서, 그 과정과 결과를 통제하려는 욕심을 내려놓는 것이다.

이를 좀 더 구체적으로 설명하기 위해, 이지는 상호작용의 불확실한 본질을 구체적으로 이해하는 데 도움이 되는 게임에 나를 참여시켰다. 이 게임 외에 적응력을 키우기 위한 방법은 부록 B를 참조하라.

'한 단어One Word'라고 불리는 이 게임은 두 명 이상의 사람이 한 번에 한 단어씩 사용하여 이야기를 만들어 가는 방식으로 진행된다. 나는 이 게임에 참여하면서, 이야기가 어디로 흘러갈지 예측하지 않고 함께 결과를 도출하는 방식의 중요성을 깨달았다. 처음에는 다소 불편하게 느껴졌고 본능적으로 미래를 생각하려고 했지만, 속도를 늦추고 현재에 집중하려고 노력했다. 그렇게 했더니 미래의 불확실성이 훨씬 더 편안하게 느껴졌고, 그 후 전개되는 과정에 적응할 수 있었다. 현재에 머무르며 그 과정을 있는 그대로 받아들이는 것이 더 자유롭고 편안하게 적응할 수 있는 열쇠라는 점을 깨달았다. 여러분도 이 게임을 직접 해 본다면 나와 같은 경험을 하게 될 것이다.

그런 다음, 이지는 한 여성 참가자에게 이 게임이 어떤 영향을 주었는지를 보여 주는 사례를 소개했다. 이지는 참가자가 속한 그룹에게 시간 제한 없이 '한 단어' 게임을 진행하도록 요청했다. 나중에 결과를 공유하는 자리에서 참가자는 중요한 깨달음을 얻었다고 말했다. 동료들과 게임을 하면서, 이지가 시간 제한을 두지 않은 것과 달리 스스로가 서둘러 게임을 끝내려고 했다는 사실을 깨달은 것이다. 직장에서는 대부분의 업무가 정해진 시간 내에 이루어지기 때문에, 그런 사고방식이 자연스럽게 게임에도 나타난 것이었다. 참가자는 부하 직원들과 회의할 때 직원들이 왜 그렇게 초조해 했는지 이제야 알 것 같다고 말했다. 그리고 이렇게 덧붙였다. "모든 상호작용이 마치 시간에 쫓기고 있는 것처럼 느껴졌어요." 참가자는 자신이 미처 인식하지 못했던 특정 편향과 무조건 일을 빠르게 처리하려는 성향을 발견할 수 있었다. 또한 모든 상호작용에 지나치게 열광적인 속도와 에너지를 쏟는 습관을 버리고, 나아가 자신의 영역을 벗어난 부분까지 억지로 통제하려는 시도를 중단해야 한다는 사실도 알게 되었다.

이 사례는 적응력을 키우기 위해 무엇을 해야 할지를 잘 말해 준다. 불확실성을 받아들이고 현재에 머물면서 적응력을 유지하는 능력을 강화하는 것은 효과적인 협상을 위해 필수적이다. 물론 쉽지는 않겠지만, 이것은 끊임없이 배워 나가야 하는 여정의 일부다.

협상 환경 재점검과 3가지 설득 기술

다음 과정은 협상에서 회복이 가능한 실패를 겪은 후, 협상을 재개하는 데 도움이 될 것이다. 이때, 이전 협상이 중단된 지점에서 방향을 재설정하고, 상대 협상가가 다시 협상에 참여하도록 만들기 위해 무엇이 필요한지 고려하는 것이 중요하다. 여기서는 두 가지 측면을 살펴보고, 이 상황에 도전할 준비가 되어 있는지 확인해 보자.

앞서 '숲'과 '나무'라는 두 가지 관점을 통해, 실패로부터 교훈을 얻고 이를 향후 협상에 적용하는 데 초점을 맞췄다. 다음으로 고려해야 할 역학 관계는 협상이 좋지 않게 끝났을 때 어떻게 다시 협상 테이블로 돌아갈 것인가다.

이런 경우 협상이 어떻게 종료되었는지와 상관없이, 상대방과 다시 대화를 시도하기 위해 먼저 연락을 취하고, 협상 결렬의 책임을 자신에게 돌리는 것이 도움이 될 수 있다. 이때, "상대방이 협상을 어렵게 몰고 갔다면 어떻게 해야 할까? 왜 내가 먼저 손을 내밀어야 하지? 그쪽에서 먼저 연락해야 하는 거 아닌가?" 이런 합리적인 의문이 생길 수 있다. 이와 관련하여, 넬슨 만델라Nelson Mandela의 사례를 소개한다.

만델라는 정치가이자 평화주의자로서, 조국 남아프리카공화국을 인종차별적인 아파르트헤이트Apartheid 통치로부터 해방시키기 위해 장기간 투쟁을 벌인 인물이다. 만델라는 이 목표를 달성하기 위해 많은 희생을 감수했으며, 남아프리카 해안 부근에 위치한 로벤섬 감옥에서 무려 27년 동안 복역했다. 석방된 직후, 만델라는 당시 대통령이었던 프레데리크 빌럼 데 클레르크Frederik Willem de Klerk에게 먼저 연락하여 협상을 제안했다. 한 기자가 "그렇게 오랫동안 수감 생활을 했는데, 왜 대통령이 연락할 때까지 기다리지 않았나요?"라고 묻자, 그는 "누군가는 먼저 문을 두드려야 합니다."라고 대답했다. 그 이유가 뭘까? 만델라는 이렇게 말했다. "원한은 스스로 독을 마시고, 그 독으로 상대가 죽기를 바라는 것과 같습니다." 만델라는 27년간 수감 생활을 하면서도 깊은 원한의 감정을 통제하고 조국의 자유라는 더 큰 목표만 바라보았다. 우리 역시 상황이 어렵더라도, 더 큰 목표를 향해 먼저 손을 내밀어 협상의 길을 다시 열어야 한다.

상대 협상가와 다시 만날 때 첫 대화는 어색할 수 있지만, 이때가 매우 중요하다. 취할 수 있는 행동 중 하나는, 협상이 어느 쪽에도 만족스럽게 끝나지 않았다는 점을 솔직하게 인정하는 것이다. 상대방을 비난하지 않고 책임을 공유하려는 자세가 협상 테이블로 돌아가는 데 있어 중요하다.

이제부터는 우리가 배운 교훈을 토대로 재개된 협상에서 상대 협상가를 설득할 수 있는 방법에 집중하고자 한다. 상대방과 재협상을 시도할 때, 이전에 중단했던 지점부터 다시 시작될 것이라고 가정해서는 안 된다. 새로운 협상에 임할 때는 상대방의 현재 심리적 상태를 고려하고, 예상치 못한(혹은 여전히 존재하는) 변수에 대비해야 한다. 이를 통해, 상대 협상가의 목표가 이전과 비교하여 현재 어느 위치에 있는지를 추론할 수 있다. 또한 시장 상황이나 힘의 균형과 같은 특정 역학 관계가 어떤 방향으로 변화했는지 고려해야 한다.

이러한 검토를 마친 후에는, 우리가 활용할 수 있는 요소들 가운데 어떤 것이 상대방에게 동기를 부여했고 어떤 것이 그렇지 않았는지를 돌이켜 보고, 무엇이 설득력이 있는지를 생각해 봐야 한다.

몇 년 전, 나는 아리스토텔레스의 세 가지 설득 기술인 로고스Logos, 파토스Pathos, 에토스Ethos에 대해 배웠는데, 이것들이 상대방과 다시 협상하려고 시도할 때 매우 유용한 체계를 제공한다는 사실을 알게 되었다.

첫 번째, 로고스는 논리적으로 자신의 주장을 펼치는 방식을 말한다. 따라서 상대방이 데이터나 사실 정보에 근거한 논리적인 주장에 잘 반응했는지를 생각해 볼 수 있다.

만약 상대방이 데이터와 같은 논리적인 방식에 마음이 움직이지 않았다면, 아마도 두려움, 걱정, 열정과 같은 감정적 차원인 파토스가 더 효과적일 것이다. 여기서 중요한 점은 상대 협상가가 현재 상황을 어떻게 느끼는지, 그리고 나와 상대방 사이의 감정적 관계를 고려하는 것이다. 파토스에서는 이야기나 사례가 적합하며, 단순한 사실보다 훨씬 더 명확하게 전달된다.

세 번째, 에토스는 신뢰, 진정성과 관련이 있다. 과거 협상에서 신뢰가 문제가 되었는가? 그렇다면 상대방을 다시 협상 테이블로 돌아오게 할 수 있는 최고의 전달자인지 솔직하게 점검해 봐야 한다. 만약 상대방이 신뢰하지 못한다면, 신뢰감을 더해 줄 다른 협상가를 팀에 합류시키는 것이 목표 달성에 더 적절할 수 있다.

몇 년 전, 나는 엔지니어링 회사와 함께 진행한 협상 교육 참가자들에게 이 설득 전략을 소개했다. 휴식 시간에 한 PM이 내게 다가와, 설득의 세 가지 측면이라는 아이디어가 매우 흥미로웠다면서 정부와 진행한 협상 문제에 관해 이야기했다. 4주 전, 그들은 건설 프로젝트와 토양 오염과 관련된 문제로 충돌을 겪었다. 그녀는 문제의 해결 방법을 자세히 설명했지만, 정부 측의 협상 당사자는 그녀의 말을 납득하지 못했고, 협상은 계속되었지만 뚜렷한 해결책에 이르지는 못했다.

그러나 그녀는 세 가지 설득 기술에 대한 교육을 받은 후, 문제가 어디에 있었는지 깨달았다고 말했다. 많은 엔지니어링 관련 전문 용어를 사용하면서, 데이터 지향적이고 논리적인 로고스 방식을 사용한 것이다. 하지만 설득 기술 교육을 받은 후, 이 분야에 대한 경험이 적은 정부 측의 협상 당사자가 자신이 던지는 정보를 모두 이해하지 못할 수도 있다는 점을 인지했다.

그녀는 당시 협상 상황을 회상하며 이렇게 말했다. "그때 상대방은 제 의견대로 하면 과연 문제가 해결될 수 있는지, 그리고 바뀐 내용을 정부에 어떻게 설명해야 할지 모르겠다고 말했어요." 그녀는 상대방을 움직이는 것이 두려움에 기반한 일종의 파토스일지 모른다고 생각했다. 데이터 중심의 로고스 차원으로 들어가기 전에, 감정적인 측면을 먼저 해결해야 한다는 것을 깨달았고, 이후 협상이 어떻게 전개되었는지 알려주겠다고 말했다.

일주일 후, 나는 'SUCCESS!'이라는 제목의 이메일 한 통을 받았는데, 메일 내용은 다음과 같았다. 그 PM은 교육이 끝나고 며칠 후 예전에 협상했던 정부 측 협상 당사자를 만났는데, 그때는 문제의 감정적인 측면에 집중했다고 한다.

그녀가 "무엇 때문에 밤잠을 설치셨어요?"라고 물어보자, 상대방은 프로젝트에 대한 모든 걱정과 두려움을 털어놓았다고 한다. 일을 망칠까 봐 겁이 났고, 그녀가 제안한 방안이 합당한지 판단할 만한 지식이 없었다고 말했다. 그러자, 그녀는 먼저 공감하고 두려움을 덜어주는 방식으로 자신의 해결책을 차분하게 설명했다. 그리고 함께 정부 회의에 참석해서 의원들의 질문에 기꺼이 답하겠다는 의지를 표명했다. 그러자 정부 측의 협상 당사자는 깊은 감사를 표했고, 두 사람의 프로젝트는 다시 안정적인 궤도에 진입했다.

이 사례를 통해 상대방의 행동 동기를 파악하는 것이 중요하다는 것을 알 수 있다. 이를 더 잘 이해하게 되었을 때, 로고스, 파토스, 에토스 체계의 올바른 요소에 맞춰 접근 방식을 조정할 수 있다. 협상 과정에서는 일반적으로 이 세 가지 중 한 가지 요소가 중심적인 역할을 하지만, 실제로 상황에 따라 세 가지 요소가 모두 중요한 역할을 하는 경우가 많다. 설득력을 갖추기 위해서는, 어떤 것에 중점을 두어야 할지를 알아야 한다.

이제 재개된 협상으로 돌아와서, 실질적인 진전이 있었는지 되돌아볼 필요가 있다. 처음에 인식했던 것보다 근본적인 이해관계가 더 많이 겹쳤을 가능성도 있다. 그렇다면 협상은 보다 긍정적인 방향으로 진행될 수 있을 것이다.

마지막으로, 이전 협상의 결렬을 초래한 교착 지점이나 도전 과제에 대해 무엇을 할 수 있는지 생각해 보자. 그 문제를 극복할 수 있는 새로운 방안이 있는가? 이를 위해서는 동료들과 함께 브레인스토밍을 하고 기존의 틀에서 벗어나 다른 방식으로 사고하는 노력이 필요하다. 이 과정을 통해 상대방이 흔쾌히 '예'라고 답할 수 있는 상황을 만들 수 있다.

이 모든 과정을 거치고 나면, 철저히 준비되었다는 자신감이 생길 것이다. 즉, 이전과 달라진 상황을 충분히 고려하고, 상대방의 관점에서 상황을 바라보며, 처음에 협상이 실패하게 된 원인을 극복하는 방법에 대한 새로운 해결 방안까지 인식하게 되었다는 사실을 알게 될 것이다.

9장

앞으로 나아가기 위해
뒤를 돌아보기

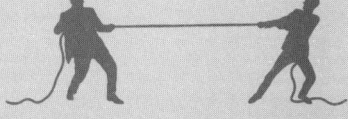

고수와 초보자의
차이를 알고 싶은가?
고수는 초보자보다
더 많은 실패를 경험한 사람이다.

―멜 로빈스 Mel Robbins

 이 책 전반에 걸쳐, 협상이 계획한 대로 진행되지 않은 상황에 대해 이야기했다. 우리는 커리어를 쌓는 과정에서 협상에 실패하기도 하고, 일이 잘못되었을 때는 어떻게 해야 할지 고민하기도 한다.

 이럴 때 어떻게 대처해야 할까? 평판을 지키기 위해 실패를 가볍게 털어 버려야 하나? 아니면 심각한 좌절이나 명백한 실수로 생각해서 큰 충격을 받고 협상 자체를 불안감을 유발하는 것으로 여겨야 하나? 아니면 더 나은 협상가가 되기 위해 소매를 걷어붙이고 벌어진 일과 씨름하며 그 과정에서 진정한 배움을 얻어야 하나? 나의 바람은 여러분이 세 번째 접근 방식에 도달해서 필요한 노력을 기울이는 것이 얼마나 가치 있는 일인지 이해하는 것이다.

  이 모든 과정은 예술 기법인 '킨츠기Kintsugi'를 떠올리게 한다. 불완전함을 포용하는 예술이라고도 불리는 킨츠기는 수백 년 동안 이어져 온 전통적인 기법으로, 깨진 도자기를 수리하는 예술 형태다. 킨츠기의 핵심은 균열을 숨기는 것이 아니라 미화하는 것이다. 수리된 도자기를 이전보다 더 아름답게 만드는 것이 목표다. 불완전함을 결함이 아닌 독특하고 아름다운 것으로 승화시킨다.

  킨츠기는 협상가에게 강력한 비유를 제공한다. 좌절이나 실패는 협상가에게 일시적인 균열을 남기지만, 이 책에서 논의한 5단계 프레임워크는 그 균열을 메우고 더 강해지는 방법을 제시한다. 균열의 흔적을 감추려 하지 말고 과거의 실패와 좌절을 솔직히 받아들이고 이해함으로써, 교훈을 얻어야 한다. 그러한 경험들이야말로 더 유능한 협상가가 될 수 있는 길이다.

  이 책을 쓴 이유는 협상 과정을 실용적인 시각에서 전달하기 위함이다. 항상 협상에 성공하면 최고의 상황이겠지만, 실패하더라도 효과적으로 대처할 수 있기를 바란다. 앞에서 살펴본 바와 같이, 다시 협상 테이블로 돌아오는 과정은 먼저 실패가 어떤 유형인지 파악하고 자신이 느낀 좌절의 정도를 정확히 이해하는 것에서 시작된다. 그런 다음, 실패로부터 배우는 데 방해가 되는 장애물을 극복해야 한다. 이러한 장애물은 관점을 왜곡시켜 길을 잃게 만들 수 있기 때문이다. 이 과정을 거친 후에는, 다음에 정리한 5단계 프레임워크를 실천에 옮기면 된다.

첫 번째 단계는 자신이 심각한 좌절이나 실패를 경험했다는 사실을 진정으로 받아들이는 것이다. 감정적인 충격과 협상가로서 평판에 대한 염려 때문에 쉽지 않을 수 있다. 하지만 받아들이지 않으면 절대로 앞으로 나아갈 수 없다.

두 번째 단계는 무엇이 잘못되었는지 파악하기 위해 큰 그림(숲)과 작은 그림(나무)을 철저히 분석하는 것이다. 사람들은 흔히 익숙하고 편안한 시각에서 분석하는 경향이 있다. 그러나 실패에서 진정으로 배우기 위해서는 현실을 냉정하게 직시해야 한다.

세 번째 단계에서는 실패한 협상에서 얻은 교훈 중 어떤 것을 다른 협상에 적용할 수 있는지 생각해 봐야 한다. 이 단계는 신중한 판단이 필요한데, 협상 간의 유사성을 제대로 비교하지 않으면 이전의 협상에서 얻은 잘못된 교훈을 다음 협상에 그대로 전이하는 실수를 범할 수 있다.

네 번째 단계는 자신의 약점이 실패의 원인이었을 수 있다는 점을 인식하는 것이다. 자신의 약점이 어디에서 비롯되었는지 추적하다 보면, 협상에 대한 내면화된 관점이나 무의식적인 사고가 잘못된 방향으로 이끌었다는 사실을 깨닫게 된다. 이제는 비생산적인 정보와 관점을 적극적으로 버리고, 보다 효과적인 협상 방식으로 접근해야 한다.

이러한 과정을 통해, 더 현명하고 강해져서 다시 협상 테이블로 돌아오는 마지막 단계를 준비할 수 있다. 이를 위해서는 자신감이 필요하며, 불확실한 상황 속에서도 흔들리지 않고 새로운 정보를 유연하게 받아들이는 능력을 갖춰야 한다. 다시 협상 테이블로 돌아가려고 할 때는 이전 협상에서 어떤 일이 있었는지, 어떤 진전을 이룰 수 있는지, 그리고 상대방을 다시 협상 테이블로 이끌어내기 위해 어떻게 건설적으로 연계할 수 있는지를 신중하게 검토해야 한다. 이 시점에서 가장 중요한 요소는 바로 끈기와 회복력이다.

도입부에서 언급했듯, 회복탄력성은 매우 중요한 자질이다. 이 책의 궁극적인 목표는 회복탄력성 있는 협상가로 성장할 수 있도록 돕는 데 있다. 실제로 이 5단계 프레임워크가 실질적인 기반이 된다. 협상에서 실패를 겪은 후 다시 일어서는 것, 그것이 바로 이 책 전반에 걸쳐 논의해 온 핵심 주제다. 따라서 이 책을 협상가로서 회복탄력성을 키우기 위한 훈련서로 삼아, 연습하고 또 연습하라.

마지막으로 꼭 기억해야 할 것이 있다. 훌륭한 협상가가 되는 것은 하나의 여정이지, 종착지가 아니라는 점이다. 대부분의 모험이 그렇듯, 그 여정에서 필연적으로 많은 시련과 고난, 예상치 못한 사건, 기쁨과 영감, 그리고 실망의 순간을 마주하게 될 것이다. 하지만 그 결과를 기꺼이 받아들인다면, 인생에서 가장 보람 있는 경험 중 하나가 될 것이다. 때로는 깊은 좌절감에 빠지고 포기하고 싶은 순간도 있겠지만 그럴수록 멈추지 말고 끝까지 파고들어야 한다. 그렇게 한다면, 결과가 어떻든 후회하는 일은 절대 없을 것이다.

부록 A : 편향

2장에서 논의한 내용을 바탕으로, 협상 실패로부터 배우는 데 방해가 되는 몇 가지 편향을 소개한다.

- **앵커 편향** Anchor bias

처음에 제시된 정보에 과도하게 집착하여 다른 정보를 배제하고, 그 정보만을 의사결정의 근거로 사용할 때 발생한다. 이는 협상에서 나타나는 전형적인 문제이며, 협상 실패의 주된 원인 중 하나다. 한 가지 요소에만 집착하면, 그 외에 더 중요하거나 동등하게 중요한 다른 정보와 세부 사항을 놓칠 수 있다.

- **보수성 편향** Conservatism bias

　새로운 증거가 제시되어도 자신의 신념을 수정하지 않는 경향을 말한다. 예를 들어, 어떤 행동으로 인해 협상이 실패로 이어지고 그 후 다른 대안을 마주했음에도 불구하고 실패한 경험에서 교훈을 얻지 않고 기존의 신념을 고수하는 경우가 여기에 해당한다.

- **지속적인 몰입 편향** Entrapment

　이전에 들인 시간이나 노력을 정당화하기 위해, 이미 실패한 행동 방식을 점점 더 고수하게 되는 의사결정을 말한다. 특정 행동을 선택하면 그 접근 방식을 변경하기가 매우 어려워진다. 의식적이든 그렇지 않든, 올바른 선택이 아니었음을 인정할 때 따르는 당혹감을 피하고 싶어 하기 때문이다. 또한 이미 투자한 시간과 비용에 대한 인식도 방향을 전환하는 것을 어렵게 만든다.

- **낙관적 편향** Optimism bias

　긍정적인 결과가 일어날 가능성을 과대평가하는 편향이다. 물론 협상에서 낙관적인 시각을 갖고 충분한 시간과 창의성, 노력을 기울이면 합의에 도달할 수 있을 것이라고 믿는 것 자체는 전혀 문제가 없다. 하지만 이 편향이 비생산적인 방식으로 작용하면, 충분한 준비를 하지 않고 과거의 성공 경험에만 의존한 채 향후의 협상에서도 쉽게 목표를 쉽게 달성할 수 있다고 믿는다. 앞에서 강조했듯, 과거의 경험에서 얻은 교훈을 적용하는 것은 권장하지만 이는 매우 신중하게 이루어져야 한다. 협상 간에는 유사점이 분명 존재하지만, 각 협상은 독립적인 사건으로 간주되어야 한다. 그 이유는 협상 당사자의 수, 성격, 협상 스타일, 권력의 비대칭성 등 복잡하고 다양한 역학 관계가 존재하기 때문이다.

- **과잉 확신 편향** Overconfidence bias

실패를 받아들일 때 부정적인 영향을 미친다. 이 편향에 사로잡힌 협상가들은 자신의 의사결정과 분석 능력에 대해 지나치게 자신감을 느끼는 경향이 있다. 역설적으로, 이러한 편견은 특정 분야에 대한 경험이 많을 때뿐만 아니라 경험이 거의 없을 때도 나타날 수 있다. 이 편향은 무엇이 잘못되었는지 제대로 이해하는 것을 방해하고, 실패의 원인을 자신이 아닌 외부 요인 탓으로 돌리게 만든다.

부록 B : 게임

다음의 다섯 가지 게임은 8장에서 소개한 이지 게젤의 게임 연장선이다. 효과적인 협상에 필요한 핵심 역량인 적응력과 유연성을 기르는 데 도움이 된다.

- **다섯 단어 게임** 5 Fast Things
  - **목표**: 제한 시간 내에 주어진 주제와 관련된 다섯 단어를 자유롭게 연상하여 말한다.
  - **참여 인원수**: 제한 없음
  - **소요 시간**: 회차 당 15~30초
  - **진행 방식**:
    ① 참여자 1은 그룹이 정한 주제와 관련된 다섯 단어를

15초 이내에 말해야 한다.

② 참여자 1이 말할 때마다, 모든 참여자는 참여자 1이 몇 개의 단어를 말했는지 손가락으로 꼽으며 표시한다.

③ 모든 참여자가 "다섯 개 끝!"이라고 외치면 회차가 종료된다.

④ 그다음, 참여자 2에게 다른 주제가 주어지고 같은 방식으로 게임이 다시 시작된다.

- 예시: 참여자 1을 지정한다. 선정된 주제는 '감정'이다. 참여자 1은 감정의 종류를 말하기 시작한다. '사랑, 두려움, 즐거움, 분노, 그리움'이라고 말하고, 다른 참여자들을 참여자 1이 단어를 말할 때마다 그 수를 센다. 다섯 번째 단어를 말하고, 모든 참여자가 "다섯 개 끝!"이라고 외치면, 회차가 종료된다.
- 팁: 단어에 대해 생각할 시간이 짧을수록 이 게임은 더욱 재미있다. 정답은 없다.

- **들어 본 적 없는 이야기 게임** One Word Story
  - **목표**: 이전에 들어 본 적 없는 이야기를 함께 만든다.
  - **참여 인원수**: 2~6명

○ 소요 시간: 2~5분

○ 진행 방식:

① 참여자들은 번갈아 가며 한 단어씩 이야기에 추가한다.

② 먼저, 모두가 들어 본 적 없는 이야기의 제목을 정한다.

③ 참여자 1이 첫 번째 단어로 이야기를 시작하고, 참여자 2는 두 번째 단어를 추가하며 이야기를 이어 간다.

④ 모든 참여자는 문장으로 만들어야 한다. 마침표, 물음표, 느낌표로 문장을 끝낼 수 있다.

⑤ 이야기가 자연스럽게 결론에 도달하거나 한 명의 참여자가 "끝!"이라고 외치면 게임은 종료된다.

- **알파벳 게임** Alphabet Game

  ○ **목표**: 참여자들이 A부터 Z까지 알파벳 순서대로, 각 알파벳으로 시작하는 단어를 사용하여 대화를 이어 간다.

  ○ **참여 인원수**: 2~6명

  ○ **소요 시간**: 2~5분

  ○ **진행 방식**:

  ① 친구들과 편하게 이야기할 수 있는 주제를 선택한

다. 주제는 청중이나 참여자 중 한 명이 선택할 수 있다.

② 첫 번째 참여자는 해당 주제에 대해 한두 문장으로 대화를 하되 알파벳 'A'로 시작하는 단어로 이야기를 하고, 두 번째 참여자는 'B'로 시작하는 단어로 이야기를 한다.

③ 이와 같은 방식으로 모든 알파벳을 사용할 때까지 대화를 이어 간다.

○ **변형**: 임의의 알파벳으로 시작하여 그 알파벳 바로 앞까지 진행할 수도 있고, 역순으로 Z에서 시작하여 A까지 진행할 수도 있다.

○ **팁**: 시간 제한이 있는 게임이 아니므로, 빠르게 답할 필요는 없다.

- **그리고와 그러나 게임** YES ... AND, YES ... BUT
  ○ **목표**: 참여자들은 휴가나 파티와 같이 합의된 주제에 대한 청사진을 만들어 간다.
  ○ **참여 인원수**: 2~6명
  ○ **소요 시간**: 회차당 2~3분

○ **진행 방식**:

① 게임을 시작하기 전에 이야기할 주제를 정한다.

② 참여자들은 다른 참여자들의 이야기를 듣고, 이를 근거로 대화를 이어가거나 이야기를 만들어간다.

③ 이때, 각 참여자는 자신의 말을 하기 전에 '그리고' 또는 '그러나'라는 말을 덧붙인다.

④ 게임은 두 회차로 진행되며, 1회차에 "예, 그리고…"를, 2회차에 "예, 그러나…"를 사용한다.

- `1회차` 참여자 1이 해당 주제에 대해 말하면서 시작한다. 참여자 2는 '예'라고 말하고, 참여자 1이 말한 것을 다른 말로 바꿔 되풀이한 다음, '그리고'를 덧붙이고 자신이 하고 싶은 말을 이어서 말한다. 다른 참여자들도 대화할 때 이 과정을 반복한다.

- `2회차` 진행 방식이 1회차와 같지만, '그리고' 대신 '그러나'를 사용한다.

⑤ '그리고'라고 말해야 하는 상황에서 '그러나'을 사용하면 감점한다.

○ 예시:

- **1회차**

    참여자 1: "여긴 너무 더운 것 같아요."

    참여자 2: "예, 여기가 덥다고 느끼는군요. 그리고 저는 춥기 때문에 난방기 온도를 더 올리면 좋겠어요."

    참여자 1: "예, 난방기 온도를 올리기 원하는군요. 그리고 더 따뜻해질 수 있도록 제가 담요를 가져다줄게요."

- **2회차**

    참여자 1: "여긴 너무 더운 것 같아요."

    참여자 2: "예, 여기가 덥다고 느끼는군요. 그러나 저는 춥기 때문에 난방기 온도를 더 올리면 좋겠어요."

    참여자 1: "예, 춥네요. 그러나 난방기 온도를 더 올리면 훨씬 더 불편할 것 같아요."

- **시인과 통역사 게임** Gibberish Poet
  ○ 목표: 팀으로 협력하여 함께 진행한다. 한 참여자가 횡

설수설하는 '시인' 역할을 하며 즉흥적으로 시를 짓고, 다른 참여자는 '통역사' 역할을 하며 그 시를 즉흥적으로 해석하여 말한다. 두 참여자는 필요에 따라 말과 몸짓을 사용한다.

- **참여 인원수**: 2명
- **소요 시간**: 시간 제한 없음
- **진행 방식**:
  ① 시인은 청중 앞에서 시를 낭송하는 역할을 한다고 가정한다.
  ② 시인은 자신이 원하는 억양, 속도, 목소리의 특성이나 몸짓을 사용하여 횡설수설하기 시작한다.
  ③ 시인이 일시적으로 멈추거나 그 밖의 신호를 주면, 통역사는 가능한 한 시인의 신체적, 음조적 단서를 사용하여 시인의 횡설수설한 말을 정상적인 말로 통역한다.
  ④ 통역사가 말을 멈추거나 다른 신호를 보내면, 시인은 횡설수설 말을 계속 이어간다.
- **변형**: 시인 역할은 교사, 치료사, 전문가 등으로 변형이 가능하다. 또한 주제는 집단 또는 참여자 중 한 명이 정

한 전문 분야로 진행할 수 있다.

- **팁**: 서로의 몸짓, 말, 억양에서 힌트와 아이디어를 얻을 수 있다.

감사의 말

 책을 쓰며 감사해야 할 분들이 많습니다. 무엇보다도 가장 큰 힘이 되어 준 사람은 바로 제 아내 아디나와 세 딸 케일라, 에일리, 탈야입니다. 가족들은 제가 다른 사람들에게 가르치는 원칙을 실천하며 살 수 있도록 늘 영감을 주었고, 계속해서 질문을 던져 주었습니다. 또한 배우며 도전할 수 있도록 이끌어 주신 아버지께도 깊은 감사를 드립니다. 아버지께서는 협상에서 필요한 회복탄력성을 키우는 데 많은 도움을 주셨습니다. 지속적인 지원을 아끼지 않은 여동생 일라나와 매부 그렉에게도 감사의 마음을 전합니다. 처가 식구들에게도 감사드립니다. 장인어른 마크, 장모님 웬디, 처제 수잔, 처남 아담과 배리 그리고 멋진 조카들과 배우자

(제러드와 샬레아, 레이첼과 제레미, 레베카와 니르, 사라와 야이르, 그리고 한나와 마이클라)의 격려와 피드백, 호기심과 소중한 질문은 저에게 큰 힘이 되었습니다.

협상 분야의 동료들에게도 깊이 감사를 표합니다. 이 책 속의 상당 부분에서 많은 의견과 통찰력을 제공해 주었습니다. 이 커뮤니티는 지금도 계속해서 협상가로서 성장하는 데 많은 영감을 주고 있습니다. 특별히 크와메 크리스천, 캘빈 크러스티, 엘리자베스 도티, 실라 힌, 켈드 옌센, 바니 조던, 데이비드 랙스, 멜리사 맨워링, 셰인 레이 마틴, 펠릭스 밀러, 조 나바로, 마크 래펀, 제임스 세비니우스, 다니엘 샤피로, 로렌스 서스카인드, 스콧 틸레마, 윌리엄 유리에게 협상 프로그램 커뮤니티의 일원으로서 감사를 전합니다.

이 책에 대한 논평을 해 주신 브라이언 에이브럼스, 브라이언 블랭크, 사이먼 블래트너, 밥 코헨, 트레이시 마주어, 제임스 와일드에게 깊이 감사드립니다. 5단계 프레임워크와 관련된 핵심적인 그래픽 작업에 도움을 준 소피아 샘슨에게 감사드립니다. 인내심 있게 작업하면서 저를 편히 대해 주었습니다. 진정으로 감사의 말씀을 전합니다.

마지막으로, 베렛-코엘러 팀, 특히 지반 시바수브라마니

암, 레이첼 헤드, 케이틀린 키팅, 캐서린 렝그론, 크리스티 커크, 사라 넬슨, 로버트 폭스, 애슐리 잉그램께 감사드립니다. 이분들이 쏟은 시간과 노력 덕분에 이 책이 최고의 모습을 갖출 수 있었습니다.

하버드 로스쿨 협상 수업

복잡한 심리전에서
무조건 이기는 설득의 프레임

발행일	2025년 10월 20일
발행처	현익출판
발행인	현호영
지은이	조슈아 와이스
옮긴이	김용준
편 집	이선유
디자인	STUDIO 보글
주 소	서울특별시 마포구 월드컵북로58길 10, 더팬빌딩 9층
팩 스	070.8224.4322

ISBN   979-11-94793-35-9

GETTING BACK TO THE TABLE
5 STEPS TO REVIVNG STALLED NEGOTIATIONS

Copyright © 2025 by Joshua N. Weiss
The publisher further agrees to print the following:
Korean translation rights arranged with Berrett-Koehler Publishers, Inc through EYA Co.,Ltd.

이 책의 한국어판 저작권은 EYA Co., Ltd을 통해
Berrett-Koehler Publishers, Inc와 독점 계약한 골드스미스가 소유합니다.
저작권법에 의하여 한국 내에서 보호를 받는 저작물이므로 무단 전재 및 복제를 금합니다.

· 현익출판은 골드스미스 출판그룹의 일반 단행본 출판 브랜드입니다.
· 출판사의 허가 없이 본 도서를 편집 또는 재구성할 수 없습니다.
· 잘못 만든 책은 구입하신 서점에서 바꿔 드립니다.

좋은 아이디어와 제안이 있으시면 출판을 통해 가치를 나누시길 바랍니다.
uxreviewkorea@gmail.com